© 2016 Caio Camargo

Qualquer parte desta publicação pode ser reproduzida, arquivada ou transmitida desde que não tenha objetivo comercial e seja citada a fonte.

Projeto gráfico   Flávio Salzer

Revisão   Beatriz Madruga
Lucílio Barbosa

Bons Costumes
é um selo da Editora Jovens Escribas

Catalogação na Fonte Biblioteca Pública Câmara Cascudo

C 172a	Camargo, Caio.
	Arroz, feijão, e varejo. / Caio Camargo. Natal: Jovens Escribas, 2016.
	291 p.
	ISBN 978-85-5564-037-7
	1. Administração – Serviços auxiliares. 2. Literatura brasileira. I. Título.
2016/10	CDD 650
	CDU 65.012.12

Caio Camargo

Prefácio

Assim como o Caio, compartilho da paixão pelo varejo, bem como da preferência pelo arroz e feijão, mas não no sentido culinário, eu explico: sou a favor de fazer o arroz e feijão no varejo. Depois de 20 anos empreendendo no Brasil, como é o caso da Chilli Beans, já perdi as contas das vezes nas quais a gente já se inventou, e se reinventou, para crescer, faturar, e fazer um negócio que, a partir do zero, se tornou uma empresa global.

Sempre que me perguntam qual o segredo do sucesso, o que eu sempre falo, ainda que me custe jogar por terra, e enterrar qualquer glamour, é falar que empreender bem é fazer direitinho o arroz e feijão, ou seja: ainda não inventaram nada melhor que a boa e velha "barriga no balcão", atender bem, servir sempre, resolver problemas dos clientes... Faça isso e não tenha dúvida: você vai ter uma boa relação, e de longo prazo, com seu consumidor e, de quebra, vida longa para seu negócio!

Caito
Presidente do grupo Chilli Beans

Sumário

INTRODUÇÃO 12

AGRADECIMENTOS 21

PARTE 01 - O PASSO A PASSO DO PDV 22

INTRODUÇÃO 23
1 - AFINAL, O QUE É PDV? 24
3 - ARQUITETURA X ARQUITETURA DE VAREJO 34
4 - OS SENTIDOS DO VAREJO 37
5 - QUAL O PISO IDEAL PARA UMA LOJA? 39
6 - QUAL A MELHOR COR PARA O VAREJO? 43
8 - REFORMAR A LOJA: O QUE FAZER PRIMEIRO? 50
9 - POR DENTRO OU POR FORA: POR ONDE
COMEÇAR A REFORMA? 52
10 - COMO COMPRAR GÔNDOLAS PARA UMA LOJA 54

11 - O LAYOUT IDEAL..57

12 - O QUE EXPOR NO MEZANINO DE UMA LOJA?.............................59

13 - *STORE-IN-STORE* E SETORIZAÇÃO..62

14 - 8 DICAS PRÁTICAS DE MERCHANDISING.......................................65

15 - ORGANIZAR POR SOLUÇÕES OU POR MARCAS?..........................69

16 - VALE A PENA COLOCAR MARCAS
DE FORNECEDORES EM UMA FACHADA?...73

17 - COMO CRIAR UM BOM PROJETO
DE COMUNICAÇÃO VISUAL..76

18 - CRIANDO UMA BOA INAUGURAÇÃO...83

19 - ARMAZENAMENTO CORRETO,
GARANTIA DE QUALIDADE...85

20 - COMO ABASTECER E REPOR PRODUTOS...................................... 88

21 - MÚSICA NA LOJA MELHORA AS VENDAS?.....................................92

22 - UNIFORMES NO PONTO DE VENDA: VALE A PENA?....................94

PARTE 02 - PARA ONDE VAI O VAREJO................... 96

1 - O BRASIL, O VAREJO E O "NOVO NORMAL" DA ECONOMIA... 98

2 - O RENASCIMENTO DAS LOJAS FÍSICAS..100

3 - FORMATOS DE LOJAS POSTOS EM XEQUE..................................103

4 - MULTICANAL, OMNICHANNEL, FIGITAL:
PARA ONDE CAMINHA O VAREJO?..105

5 - PODE O MERCHANDISING UM DIA MORRER?....................110

6 - PONTO DE CONTATO..113

7 - VAREJO 3.0: ESTAMOS PRONTOS?.................................115

8 - TENDÊNCIAS E O QUE REALMENTE
VALE A PENA PARA VOCÊ..118

9 - A GERAÇÃO YZ E O VAREJO..122

10 - COMO AS NOVAS GERAÇÕES IMPACTAM
NO SEU MODELO DE NEGÓCIO..124

11 - A NOVA REVOLUÇÃO SERÁ EM 3D: MENOS BITS,
MAIS ÁTOMOS...126

12 - FÃS, SEGUIDORES OU SIMPLESMENTE CURTIDORES?....131

13 - SUSTENTABILIDADE: ESTAMOS FAZENDO DIREITO?......134

14 - VAREJO: TEMPO ENCERRADO.......................................136

PARTE 03 - GESTÃO BEM-EXPLICADA....................140

INTRODUÇÃO..141

1 - CONSTRUÇÃO DE MARCAS DE VAREJO.........................142

2 - MAIS CONCORRÊNCIA AJUDA OU ATRAPALHA?............145

3 - INDÚSTRIA X VAREJO: QUAL O FUTURO
DO NOSSO MERCADO?..150

4 - FIDELIZAÇÃO X LEALDADE: VOCÊ SABE DIFERENCIAR?....153

5 - MERCHANDISING X MARKETING
X PROMOÇÃO DE VENDAS 155

6 - O QUE LEVAR EM CONTA NO VAREJO POPULAR 157

7 - O QUE LEVAR EM CONTA
NO VAREJO DE LUXO 161

8 - COMO FAZER DOS FORNECEDORES
PARCEIROS NAS AÇÕES DE MARKETING? 164

9 - COMO CATIVAR SEU CLIENTE 166

10 - MÉTRICAS: O QUE O VAREJO FÍSICO
PODE APRENDER COM O E-COMMERCE 170

11 - QUAL A MELHOR FORMA DE MENSURAR SEU PDV? 174

12 - CLIENTES CONVERTIDOS X TAXA DE CONVERSÃO 176

13 - SUCESSO EM TEMPOS DE CRISE 178

14 - E QUEM DISSE QUE NA LOJA FÍSICA NÃO
HÁ FUNIL DE VENDAS? 183

15 - VOCÊ SABE QUAL SUA HORA QUENTE? 187

16 - ENTRE A TÁTICA E A ESTRATÉGIA 191

17 - ENTRE A PIROTECNIA E A TECNOLOGIA 193

18 - EXPOSIÇÃO É REMÉDIO, AMBIENTAÇÃO É CURA 195

19 - MASCOTES E PERSONAGENS: AINDA VALEM A PENA? 197

20 - A FORÇA DA MULHER NO VAREJO 200

21 - MIMETISMO NO VAREJO 202

22 - O CONCEITO DAS LOJAS-CONCEITO 204

23 - O GERENCIAMENTO POR CATEGORIAS
E A BUSCA POR SOLUÇÕES NO PDV.. 207

24 - OS QUATRO Ps E O VAREJO DE HOJE.. 212

25 - PREÇO É DIFERENCIAL?.. 214

26 - POR QUE VOCÊ NÃO CONSEGUE VENDER MAIS?.................... 216

27 - 7 DICAS QUE O VAREJO PODE APRENDER
COM OS VENDEDORES AMBULANTES.. 219

28 - MARKETING DE VAREJO... 222

29 - ESSE TAL DE ENGAJAMENTO... 226

30 - COMPRA POR IMPULSO X COMPRAS DE DESTINO.................. 227

31 - UMBIGO DO PATRÃO NO BALCÃO.. 230

32 - QUANDO O VAREJO VIRA A SALA DE ESTAR............................. 232

33 - NÃO IMPROVISE: TRABALHE SUA MARCA................................. 235

PARTE 04 -VENDAS & ATENDIMENTO.............. 238

INTRODUÇÃO... 239

1 - NEGÓCIOS SÃO FEITOS ENTRE PESSOAS,
NÃO ENTRE EMPRESAS... 240

2 - ATENDENDO UM CLIENTE VIP.. 244

3 - O PROBLEMA É SEU.. 246

4 - GARANTINDO A SATISFAÇÃO DE SEUS CLIENTES..................... 249

5 - NUNCA FIQUE COM O NÃO.. 252

6 - VAREJO ELETRÔNICO: ONDE VOCÊ ESTÁ? 254

7 - EDUCAR PARA VENDER MAIS 254

8 - FILAS: COMO RESOLVER? 262

9 - BALCÃO DE VENDA: ÚTIL ATÉ QUANDO? 265

10 - COMO DIMENSIONAR SUA EQUIPE
DE VENDAS E ATENDIMENTO 268

11 - O QUE É MAIS IMPORTANTE: A VENDA OU A ENTREGA? 270

12 - VOCÊ ESTÁ PREPARADO PARA O MERCADO DE IDOSOS? 272

13 - O VAREJO QUE ENCANTA 273

14 - PRÓ-LOJA OU PRÓ-CLIENTE? 275

15 - UM MAU EXEMPLO DE PÓS-VENDA 274

16 - BOA VONTADE OU VONTADE: O QUE MOVE VOCÊ? 277

17 - VENDER BEM É FÁCIL: ATENDER BEM É QUE É DIFÍCIL 279

18 - VENCENDO A BARREIRA DO "DAR UMA OLHADINHA" 282

19 - VENDEDORES: MENOS PEBOLIM, MAIS FUTEBOL! 285

Introdução

Olá, amigo do varejo!

Eu gostaria, antes de tudo, de te agradecer.

Do primeiro dia de postagem no blog *Falando de Varejo* até o lançamento deste livro, cerca de 6 milhões de pessoas já passaram pelo site, o que considero uma grande vitória. Varejo é algo ainda restrito, que alguns consideram chato, e empolgante, na maioria das vezes, somente para quem atua nesse mercado. Assim, qualquer número na casa dos milhões é muito interessante.

Já se passaram mais de oito anos desde que o primeiro post do *Falando de Varejo* foi para o ar. Um post tímido, quase um "oi" acanhado para a internet, algo como um passo no escuro. De lá para cá, foram mais de 7.500 postagens, entre notícias de mercado, artigos, entrevistas, fotos, vídeos e praticamente tudo o que consegui reunir para tentar, de alguma maneira, melhorar o varejo e a vida do profissional do varejo brasileiro.

"Arroz, Feijão & Varejo" nasceu do meu desejo em ajudar o varejo e seus profissionais a fazer o básico bem feito: ter uma loja atrativa, bem-exposta e, principalmente, vendedora. Uma compilação de artigos e boas ideias que possam guiar empreendedores no caminho do sucesso.

Varejo não é algo fácil. Tem que estar no sangue. Meus pais sempre trabalharam, diretamente ou indiretamente, com o setor. Minha mãe, dona Mercedes, é uma verdadeira workaholic que até hoje atua no mercado, sendo reconhecida como uma excelente gestora. Meu pai, economista e hoje aposentado, entre idas e vindas na carreira, foi de empreendedor (montando um pequeno depósito de materiais de construção) a representante de vendas.

Se meu pai, um daqueles caras de quem todo mundo gosta logo de cara, me ensinou tudo sobre empatia e simpatia, na minha mãe encontrei, mesmo sem perceber, todo o alicerce e espelho profissional de que eu precisava.

Ela sempre teve uma rotina muito dura dentro do varejo. Lembro de, muito pequeno, por diversas vezes aguardar com meu pai e minha irmã por horas a fio dentro do carro, enquanto minha mãe estava "em reunião", normalmente reuniões de vendas e gerência que tomavam mais do que o tempo necessário. E mesmo quando estávamos em casa, as conversas sobre o trabalho tomavam os corredores da casa. Coisas de criança, mas não aguentava mais escutar sobre os mesmos nomes e as mesmas pessoas todos os dias. Chegava a odiar quem eu nem conhecia.

As pessoas usam hoje essa palavra nova e sofisticada, "resiliência", para designar alguém que trabalha bem sobre pressão, que "aguenta o tranco", no jargão popular. Antes mesmo de aprender o que significava essa palavra, aprendi com minha mãe que deveria ser um profissional resiliente.

Ela teve uma infância feliz, mas difícil. Teve que trabalhar cedo, assim como seus irmãos, para ajudar a colocar o sustento da família. Com isso, acabou por deixar os estudos de lado, concluindo somente o primeiro grau. Prometeu para si mesma que nenhum filho dela iria seguir pelo mesmo caminho e que só poderiam pensar em trabalho após a conclusão dos estudos. Dito e feito: não somente formou seus três filhos como, mais tarde, reconquistou o tempo perdido concluindo seus estudos e inclusive avançando até uma pós-graduação.

Mas se a história hoje tem um final feliz, vi meus pais engolirem muitos sapos ao longo de suas carreiras, aguentarem pressões terríveis no ambiente de trabalho, trabalhando sempre exaustivamente, por vezes emendando noites e dias, com um senso de responsabilidade e respeito que dificilmente encontrei em outros profissionais.

O exemplo deles moldou meu caráter. Aprendi a trabalhar duro para conquistar meus resultados. Posso dizer que vivi algumas situações que dificilmente seriam aceitas por essas novas gerações de que tanto falamos nos tempos de hoje. Mas demorei para entender isso.

No começo da carreira, acreditava que iria mudar o mundo e que seria imbatível. Cursando arquitetura, havia iniciado minha carreira em uma empresa de comunicação visual e, após alguns anos, estava em uma excelente rede de varejo. Conseguia resolver rapidamente qualquer tipo de trabalho ou tarefa que era colocado à minha frente. Conforme eu avançava e conquistava degraus maiores, me achava cada vez melhor. Me sentia poderoso.

Foi necessário um balde de água fria, e 18 meses fora do mercado de trabalho, para ter um verdadeiro choque de realidade e destruir qualquer "ego inflacionado" que me restava como profissional. Alguns trabalhos de freelancer como arquiteto foram minha salvação nesse período. Só quando um profissional atinge o fundo do poço é que ele começa a dar valor ao emprego que tem.

A volta foi difícil, mas prometi que nunca mais iria passar por aquilo novamente. Os sapos apareceram no caminho, mas aprendi a engoli-los.

Essa vivência reflete no modo de pensar e agir em relação a tudo que vejo acontecendo no varejo. Minha carreira, após uma faculdade de arquitetura e um MBA em Marketing, estava praticamente focada em merchandising e arquitetura comercial, algo ainda com ares de novidade e com um grande potencial de mercado. Havia pouco material disponível no Brasil e todo o material importado sobre o tema (naqueles tempos a internet era bem diferente) era caro e inacessível para mim.

Tive a sorte, em meu início de carreira, de trabalhar diretamente no chão de loja, fazendo o tal do *merchandising* acontecer na unha, dentro do ponto de venda. Lembro que um dos primeiros livros sobre o tema a que tive acesso foi o sensacional *Merchandising no Ponto de Venda*, da Regina Blessa, e que durante anos foi uma espécie de Bíblia para mim, um *benchmark* do que eu gostaria de criar um dia.

Assim como boa parte dos profissionais que durante suas carreiras pensam em escrever um livro, dar aulas ou deixar algum legado, decidi que escreveria um livro. Uma ideia simples que poderia abrir novas portas e possibilidades.

Em um certo dia, daqueles que a gente não lembra direito como foi, cismei em criar um blog. Criado um login e uma senha, só faltava o nome de batismo. Achei brega a ideia inicial, mas pensei em algo como "Caio Camargo falando de varejo". Parecia algo como "Athayde Patreze visita", um antigo programa de entrevistas aos moldes do Amaury Júnior.

Na época, ainda tinha dúvida se um blog era o canal ideal para falar com o mercado. Pensava que blogs eram mais voltados para apaixonados por moda, música ou videogames, focados em uma galera mais nova de mercado e que faria pouco sentido para o mercado profissional, em especial o varejo.

No final, o nome "Falando de Varejo", que acabou entrando como algo provisório, acabou ficando e se tornando o que é hoje. O conceito é que mudou muito: de um simples compilado de ideias, passou a ser um instrumento para não somente informar, mas também auxiliar varejistas e profissionais do mercado de varejo a buscar a excelência em seus negócios e em suas atividades.

Sou, e sempre serei, um apaixonado pelo mundo do varejo. Nas próximas páginas divido minhas ideias e paixões por esse mundo com vocês.

E usando a mesma frase que sempre usei para fechar todas as postagens no blog: um grande abraço e boas vendas (após a leitura!).

Caio Camargo

Agradecimentos

Em um primeiro livro, são muitas pessoas a se agradecer, mas não poderia deixar de citar:

Minha esposa Carol e meu filho Daniel – a alegria de vocês faz tudo valer a pena.

Minha família – meu alicerce.

Meus mentores em minha carreira, com quem tanto aprendi: Leonice Caires, Marcelo Botton, Carlos Corazzin, Celso Souza, Leonardo Araujo, Vinicius Lobato e Heloisa Cranchi.

Meus amigos de palco, principalmente Fred Rocha, Fred Alecrim, João Kepler e Leandro Branquinho. Obrigado pela amizade e pelos ensinamentos. Meus amigos da Virtual Gate, e de todas as empresas por onde passei até hoje.

E claro, todos que me acompanham e me seguem, os quais sempre considerei mais amigos do que simplesmente seguidores.

Muito obrigado. Cada um de vocês, sem dúvida, faz parte da construção da minha jornada.

Parte 01
—
O PASSO A PASSO DO PDV

INTRODUÇÃO

Os textos que você lerá a seguir têm um tema comum: o PDV. Porque é no ponto de venda que o varejo acontece: arquitetura, cores, fachada, como reformar, gôndolas, layout, comunicação visual, tudo tem relação direta com a experiência que o cliente terá quando for às compras.

Adoro falar e escrever sobre PDV. É na loja que o varejista traduz para o cliente tudo aquilo que ele prometeu na publicidade e que levou o consumidor a escolher aquele lugar em vez das inúmeras opções de que ele dispõe, tanto on-line quanto off-line. Encantar o cliente é fundamental, mas como o ambiente físico pode ajudar nesse encantamento? Quais são os fatores que precisam ser levados em conta e como os cinco sentidos podem influenciar a decisão de compra e, no final das contas, a avaliação que o cliente fará de sua loja?

Cliente feliz é cliente que compra, e cliente encantado é cliente que volta para comprar de novo. E esse é o cliente que todos queremos. Nos próximos textos, dou algumas sugestões de como fazer isso.

1 - AFINAL, O QUE É PDV?

Embora toda palavra tenha seu próprio significado (ou significados, em alguns casos), é interessante como alguns termos acabam alterando sua verdadeira expressão ao longo do tempo, principalmente devido ao desenvolvimento e evolução das sociedades, e que também transformem o comportamento de *shoppers* e consumidores. Mas a aula termina aqui, pois você não está lendo um artigo sobre língua portuguesa. Estamos falando de varejo!

É incrível como existem diversos significados para a expressão "ponto de venda", que batizamos comumente como PDV em artigos e publicações, e que, por exemplo, mesmo no inglês pode ser encontrada como *point-of-sale* ou como *point-of-purchase*, ainda que seja designada para o mesmo fim.

É fato que o conceito de ponto de venda mudou muito ao longo dos anos, e acompanhamos boa parte dessa transformação. De um simples interlocutor entre a indústria ou o distribuidor e seu consumidor (quando a mercadoria por vezes não precisava nem estar exposta para ser vendida), hoje os PDVs são verdadeiros templos das marcas. A experiência de compra tem sido apontada como o principal atributo de uma loja ou ambiente de vendas bem-sucedido.

Se olharmos sob o prisma da indústria, o PDV pode ser tanto a loja quanto o distribuidor. Em alguns casos, embora essa seja uma visão um tanto restrita demais, já vi empresas designando a palavra PDV para displays ou equipamentos próprios instalados em pontos de venda.

O varejista ou revendedor entende que o ponto de venda seria sim seu próprio espaço (sua loja ou ponto de distribuição), o local no qual o cliente realiza suas compras, também carinhosamente chamado de "chão de loja". Já no caso de alguns fornecedores, como empresas de equipamentos de loja e softwares de gestão e ERP, a palavra PDV pode servir para designar a quantidade de caixas, ou checkouts, de uma loja. Ponto de venda nesse caso, é o local onde a venda é finalizada.

Pessoalmente, acredito que a melhor definição para ponto de venda ou PDV é "o local ou meio no qual a marca entra em contato com o *shopper* ou o consumidor". Embora não lembre de onde obtive essa referência, há muito tempo, essa é uma definição interessante, pelos seguintes motivos:

- Quando falamos de marca, estamos falando de produtos, serviços ou até mesmo empresas.

- A questão de ser um ponto de contato, e, portanto, também de experiência, permite uma série de possibilidades de locais e meios, como a loja, o distribuidor, a loja virtual, ou até mesmo o vendedor porta a porta, que, de maneira metafórica, traz o ponto de venda para dentro de nossa casa.

Mais importante que entender a definição do termo é entender como sua marca dialoga com esses espaços, não importa em quais locais ou meios que estejam presentes.

Pense nisso.

2 - 10 DICAS IMPORTANTES PARA UMA BOA LOJA

Montar uma loja, não importa seu tamanho, investimento ou segmento, nunca é um processo simples. Por isso montei uma lista com as 10 grandes características de uma loja de sucesso, passos importantes para um varejo vendedor.

1) – Localização: um acesso fácil ou próximo de onde seu cliente reside (conveniência) é sempre uma maneira de se destacar no mercado. O ideal, quando possível, é buscar uma localização em uma via de alto tráfego, pois, na maioria dos casos, sua loja vai chamar a atenção de diversos clientes que não pretendem comprar o que você vende agora, mas que saberão onde procurá-lo quando necessário. Cabe sempre analisar o sentido da avenida mais interessante. Lojas de materiais de construção que têm foco em produtos de acabamento costumam obter melhores resultados em períodos como finais de tarde ou inícios de noite, quando os consumidores dispõem de mais tempo para poder escolher entre marcas e mercadorias, o que convém possuir uma loja no sentido "centro-bairro", buscando estar dentro do caminho de "volta para casa" do consumidor. Lojas de materiais de construção que atuam com maior foco com produtos de construção e infraestrutura, como materiais básicos, elétricos e hidráulicos, obtêm melhores resultados ao longo do dia, dentro do horário de trabalho dos profissionais de obra. Nesse caso, o sentido "bairro-centro" de uma avenida pode funcionar melhor.

2) – **Estratégia de mercado (posicionamento):** quando falo em estratégia estou falando principalmente em seu posicionamento dentro do mercado local. O posicionamento, ou sua estratégia de mercado, é um dos pontos-chave para o sucesso de um negócio. Como se comporta o mercado no qual você atua? Quem você deseja ser? Onde está a oportunidade? Respondendo a essas perguntas você irá perceber se é melhor ser mais popular ou apostar em algo mais sofisticado, por exemplo.

3) – **Marca:** muitos pensam apenas em um "nome para a loja", ou em um logotipo, quando pensam em marca. Em alguns casos, a decisão é feita entre os familiares, levando em conta apenas seus gostos pessoais. O nome pode ser um reflexo de seu posicionamento. Em alguns casos, deve se observar a possibilidade de que o nome faça uma analogia aos produtos ou ao posicionamento do mercado. Exemplos: TendTudo, CompreBem, Pague Me-

nos, Peg & Faça. A marca é um dos principais fatores de construção de imagem junto ao seu cliente. A representação da marca em fachadas, cartões de visita e até mesmo nas sacolas de compra contribui para evidenciar você perante o seu mercado.

4) – Fachada: a fachada é o cartão de visitas de sua loja. É o primeiro contato que seu cliente tem com você. Uma fachada imponente e interessante pode agregar muito à sua marca desde o início. Entretanto, nem toda fachada precisa ser "cara". Com criatividade, principalmente nas cidades que têm restrição de comunicação visual, com leis como a "Lei da Cidade Limpa", em São Paulo, em que não é possível utilizar grandes painéis em lona, pode-se adotar excelentes alternativas como pórticos ou a utilização de telhas metálicas sobre a fachada para gerar criativos e impactantes resultados.

5) – Produtos e serviços: O posicionamento do ponto de venda tem tudo a ver com o sortimento ou a exposição de produtos. Não dá para falar de varejo popular sem pensar em grandes pilhas ou gôndolas cheias, sinônimos de fartura, assim como não dá para falar em varejo de luxo sem pensar em destaques e exclusividade de produtos. A própria loja deve refletir o conceito dos produtos à venda, buscando bom gosto e sofisticação em sua arquitetura e materiais de exposição.

De todo modo, gôndolas vazias ou rupturas criam uma imagem de má administração que repercute em desconfiança e descrédito por parte do consumidor. Vale a pena destacar que oferecer bons serviços, principalmente se complementam a venda de produtos, pode ser uma excelente estratégia para conquistar e fidelizar clientes. Bons serviços criam valor à marca e possibilitam rentabilizar melhor os produtos oferecidos.

6) – Preço/Promoção: pessoalmente, acredito que preço não é, nunca foi e não deve ser diferencial de mercado. Acreditar ser o melhor de sua região apenas porque é o mais barato, além de não garantir nenhum tipo de fidelidade por parte de seus consumidores (pois a qualquer momento pode surgir um novo concorrente com preços menores do que o seu), faz com que suas margens de lucro estejam sempre comprometidas.

Oferecer bons preços, condizentes com sua qualidade de produtos e serviços, é sempre o melhor caminho. Utilizar as promoções para alavancar as vendas e conquistar os consumidores é uma excelente arma na briga pelo mercado. Uma loja sem promoção, apenas com preços, é uma loja morta. As promoções dão o tom do dinamismo que o varejo precisa.

Utilize todo o arsenal de equipamentos de merchandising, como banners, splashes e cartazes, para criar promoções que impactam e cativam seu cliente. Uma boa ideia é criar uma "sensação de oportunidade única" na mente de seu cliente: "Somente neste final de semana" / "Até o final do estoque" / "É só até sábado"

7) – **Ambiente de Loja (*Visual Merchandising*):** o ambiente de loja é o principal elo entre "tudo o que você deseja ser para seu consumidor" e "tudo o que o seu consumidor pensa sobre você". Características como o mobiliário, o tipo de exposição, as cores aplicadas na loja, a organização de gôndolas e até mesmo o tipo de música que será utilizada (ou não) criam a atmosfera de compra para seu cliente. O conceito mais em voga hoje é o de "criar experiências de compra" em vez de simplesmente vender produtos. Por isso redes de eletroeletrônicos possibilitam experimentar televisores e sistemas de som em salas fechadas, como em um home-theater: ainda lojas de artigos esportivos oferecem experiências únicas como poder andar e testar bicicletas, testar a pontaria com um modelo novo de chuteira; ou livrarias permitem que consumidores folheiem e leiam os livros e revistas antes de comprar, sem nenhum tipo de abordagem agressiva, dis-

ponibilizando até mesmo assentos e bancos confortáveis e incentivando esse tipo de comportamento.

Para as lojas de materiais de construção, os displays se mostram como uma excelente ferramenta para criar experiências de compra, principalmente por trazerem ao consumidor final uma "prévia" de como o produto deve ser aplicado, como os showrooms com revestimentos aplicados, ou displays que apresentam produtos como chuveiros, louças e metais aplicados na altura de uso, em muitos casos funcionais (que podem ser acionados).

8) – Atendimento: de nada adianta uma loja bem-planejada, com bons produtos e conceito ímpar, quando a equipe de vendas ou atendimento está malformada. Sua equipe de vendas é o combustível que faz sua loja andar e crescer, ou seja, vender. Tal como um motor, um combustível de qualidade faz o desempenho melhorar, assim como um combustível de baixa qualidade corrói e faz o motor parar. Motivação é o elemento que gera energia.

9) – Logística: entrega gratuita? Entrega em 24 horas? Qual a melhor estratégia? A melhor estratégia é sempre aquela que você pode cumprir junto ao seu cliente, sem o menor risco de falhar naquilo que prometeu. Mas e se o mercado promete algo melhor do que eu? Invista, melhore seu serviço, mas nunca prometa se houver dificuldade de se cumprir o combinado. Busque sempre uma margem de segurança ou avise seu cliente antecipadamente em caso de algum problema ou imprevisto.

10) – **Pós-venda:** tem muito varejista que até o momento de finalização da compra segue com devida maestria, mas peca em um momento que é até mesmo mais importante do que a própria compra em si: o pós-venda. Ter um serviço de pós-venda eficiente, que atenda e prolongue a experiência de compra bem-sucedida de seu cliente, é vital para um negócio de sucesso.

Imagine a seguinte situação: em um varejo de construção, um cliente faz uma compra gigantesca, com diversos itens. Até aí, foi bem atendido e saiu feliz. Os produtos foram entregues corretamente e na data combinada. Ponto positivo novamente. Só que surge um problema: o chuveiro que ele comprou veio com um probleminha de fábrica e precisa ser trocado. Em muitos casos, o mesmo cliente que foi super bem recepcionado na hora da compra, na hora da troca se vê passando por um momento que, além de burocrático, muitas vezes até mesmo o trata com certa suspeita, imaginando se não se trata de golpe ou coisa parecida. É nesse ponto que um excelente cliente vira um cliente inexistente. Pense nisso.

3 - ARQUITETURA X ARQUITETURA DE VAREJO

Assim como hoje se fala muito da distinção entre o marketing tradicional e o marketing de varejo, acredito que a mesma filosofia deveria começar a ser empregada para a distinção entre a arquitetura e a arquitetura para o varejo, ou arquitetura comercial.

O mais interessante nisso tudo é que é possível enxergarmos erros de responsabilidade tanto da parte de alguns escritórios, quanto dos próprios varejistas.

Creio que todo projeto de arquitetura voltado ao varejo deve ter como único foco o resultado, seja esse resultado de venda, de alcance de um determinado perfil de público ou de cobertura de mercado.

Vejo alguns escritórios preocupados em realmente criar um portfólio de lojas esplendorosas, que impactam desde o primeiro momento. Entretanto, nem sempre o impacto causado resulta na venda esperada. Defendo e acredito no desenvolvimento de conceitos inovadores e no uso de materiais inusitados no ponto de venda. Temos que criar ambientes de loja cada vez mais envolventes, cada vez mais em sintonia com o consumidor, principalmente se estamos falando de lojas de perfil moderno, como lojas de vestuário ou acessórios.

Por outro lado, é comum ver varejistas contratando profissionais e escritórios especializados para revitalizar sua identidade ou sua marca no mercado. A todo momento, porém, eles parecem querer que seu gosto ou suas vontades sejam atendidas. Não que um projeto não deva atender às especificações ou anseios do cliente, longe disso, mas em muitos casos as vontades, gostos pessoais, ou mesmo o "achismo" do cliente não refletem a real necessidade ou oportunidade de mercado.

Um exemplo: é ponto comum perguntar para um varejista para quem ele deseja vender e ele responder "para todo mundo". E isso falando de estabelecimentos pequenos. Em um mundo em que os mercados estão cada vez mais segmentados e em que o posicionamento é cada vez mais importante, quem deseja vender a todos acaba por não vender a ninguém.

Um arquiteto que projeta para o varejo tem um trabalho imensamente maior se comparado ao de um projeto residencial, por exemplo. Em um projeto tradicional, temos apenas o gosto do cliente como parâmetro principal, enquanto num projeto de varejo, além do gosto, que passa a ser um parâmetro secundário, temos o resultado como objetivo fundamental.

Muitos clientes de varejo buscam um projeto que aumente suas vendas. Se uma loja vende R$ 100 mil por mês, uma alteração no projeto deveria trazer no mínimo um aumento de 20% sobre esse faturamento. Portanto, desde o primeiro momento, o arquiteto deve se comprometer com essa questão em todas as suas decisões.

Vale a pena virar a loja de cabeça para baixo? Vale a pena, se isso significar vender mais. Se for apenas para mudar, então não vale a pena. É melhor uma loja feia que venda bem que uma loja "bonitinha" que não vende nada. Projeto bom é projeto que vende.

Muitos varejistas temem contratar um arquiteto ou projetista com medo de uma grande mudança. Muitos arquitetos também acreditam que se não mudarem muito a loja, o projeto não se valorizará e o cliente passará a acreditar que está pagando caro demais pelo que está sendo feito.

O projeto arquitetônico de varejo, antes de tudo, deve ser "pé no chão" e respeitar tanto o varejista e a marca quanto o seu consumidor.

Muitas vezes, com criatividade, é possível criar projetos que vendam bem e com custos dentro do esperado, sem grandes sustos.

4 - OS SENTIDOS DO VAREJO

Quando falamos sobre nossos sentidos, falamos sobre os receptores de informação. No varejo, veja qual a importância de cada um deles para a criação de um ponto de venda cada vez mais forte na mente dos clientes.

Visão: para muitos esse pode ser um dos principais "sensores" de uma boa loja. Visão se refere a uma loja bem-organizada, bem-planejada, assim como sistemas de comunicação visual que conseguem não somente chamar nossa atenção, mas também, rapidamente, identificar e informar sobre questões como promoções e lançamentos. Questões relacionadas ao *visual merchandising* também estão fortemente ligadas a esse sentido.

Audição: muitos pensam que, quando falamos de som, falamos apenas de música. A música no PDV sem dúvida tem um papel fundamental, não somente auxiliando na criação de uma identidade para a marca, mas também podendo favorecer as vendas de acordo com seu ritmo, acelerando ou desacelerando o cliente no ponto de venda. Varejo é vida e, portanto, precisa de sons. Uma loja completamente muda pode parecer por vezes morta, apagada, ao passo que lojas extremamente barulhentas, por vezes lotadas de clientes falando alto (como lojas populares de calçadões e grandes centros), podem não somente perturbar, como também afugentar clientes.

Olfato: o chamado "marketing olfativo" ganha cada vez mais destaque entre varejistas e especialistas, mas pouco é possível afirmar a respeito de quais seriam os odores mais adequados a esta ou àquela marca ou tipo de loja, uma vez que a criação de um aroma para a loja está diretamente ligada à criação de uma identidade única. O aroma fortalece todos os outros sentidos, reforçando a lembrança da marca.

Paladar: neste caso, me refiro principalmente à experimentação ou degustação de produtos e serviços no ponto de venda. A possibilidade de experimentação auxilia na construção de uma boa experiência no PDV, e por consequência, gera vendas.

Tato: estamos falando de contato e, com isso, me refiro principalmente ao atendimento, um dos principais interlocutores entre o ponto de venda e o consumidor, principalmente no caso de lojas que precisam de venda assistida (auxiliada por vendedores). O discurso, os uniformes e até mesmo o lifestyle de seus vendedores são também fortes componentes da marca.

Percepção: a percepção, ou o sexto sentido, pode neste contexto ser interpretada como a maneira pela qual o consumidor observa, analisa e, principalmente, julga a loja como um todo. À percepção, considera-se a análise da atmosfera total do ponto de venda, ou seja, o resultado da mistura de todas as percepções captadas de maneira singular em um único sentido, resultando em um único sentimento, seja esse bom ou ruim.

5 - QUAL O PISO IDEAL PARA UMA LOJA?

Que piso devo utilizar na loja? Normalmente, quando se monta um ponto de venda, a escolha do piso envolve muito mais que apenas estética e custo, e cada tipo de piso a ser definido deve ser analisado sob alguns parâmetros como resistência, durabilidade, facilidade de manutenção e estética.

Quando falamos na durabilidade do piso a ser escolhido, temos que levar em consideração se o piso será resistente o suficiente para o dia a dia da loja, como em um supermercado, com alto tráfego de pessoas e carrinhos de transporte de mercadorias. Nesse caso, pede-se um piso de alta resistência.

Quando falamos em manutenção, ela está diretamente ligada à durabilidade. Caso o piso, em função da estética ou da imagem que se deseja passar ao consumidor, não possua resistência ou durabilidade suficientemente adequadas, deve-se considerar se ele possui uma manutenção fácil, pois alguns pisos de alta resistência são de difícil manutenção em caso de danificação.

Quando falamos em estética, não nos referimos somente à beleza, e sim à imagem que se deseja passar ao consumidor. Pisos simples, desde que combinados com um mobiliário interessante, podem não prejudicar a imagem da loja. Por outro lado, pisos nobres ou reflexivos acabam por aumentar o valor percebido dos produtos em exposição.

No que se refere às tonalidades, o ideal é que se busquem cores facilmente identificadas com a imagem desejada pela loja. Cabe, porém, ressaltar algumas características:

Pisos claros: possuem maior reflexão de luminosidade e, por isso, auxiliam na iluminação da loja. Por outro lado, exigem limpeza mais constante.

Pisos escuros: possuem menor reflexão de luminosidade e, por isso, necessitam de mais intensidade no sistema de iluminação da loja. Entretanto, demandam menos necessidade de limpeza.

Sendo assim, podemos citar alguns pisos utilizados por lojas e suas respectivas características:

Porcelanatos/granitos/pisos cerâmicos: são excelentes em termos de manutenção, devido à facilidade de troca. Algumas tonalidades requerem certo cuidado, principalmente devido à diferença que pode existir entre um lote e outro. Por isso, é sempre recomendado ter uma certa quantidade "reservada" no estoque, no caso de uma manutenção. Quando brilhantes ou em grandes formatos, passam sofisticação à imagem da marca. Entretanto, os brilhantes apresentam resistência e durabilidade menor, sendo mais sujeitos a danos ou riscos superficiais.

Granilite: é um piso de alta resistência muito utilizado em lojas de alto tráfego. Por ser de caráter comum, é mais recomendado para lojas de perfil popular, principalmente no segmento de alimentos ou materiais de construção, devido à sua facilidade de limpeza. Quando confeccionado em grandes superfícies, é um piso bem atraente devido ao seu custo x benefício. Sua manutenção, quando necessária, porém, se torna extremamente complicada, necessitando de verdadeiros "remendos" no piso.

Pisos de madeira: bastante em voga, principalmente em lojas de vestuário e de pequeno porte, criam uma sensação de conforto interessante e que acaba por aumentar o valor percebido do produto exposto. Entretanto, esse tipo de piso somente deve ser utilizado em lojas de baixo tráfego. Em lojas de grande tráfego de clientes, possui uma durabilidade menor, em função de sua resistência, inferior aos pisos cerâmicos.

Cimento queimado: é visto por muitos como uma das últimas opções, sendo considerado um piso inferior e que não possui muita estética. Entretanto, oferece uma boa resistência e, quando utilizado de maneira adequada e criativa, pode criar um visual diferenciado e interessante na loja.

E o que se tem como tendência hoje? Temos observado o uso misto de pisos, buscando sempre destacar uma determinada área ou setor específico da loja. No caso dos hipermercados, com pisos frios, é possível vermos a aplicação de pisos de madeira nos setores de vestuário ou de adega, por exemplo, criando uma valia maior ao produto exposto. Assim como nos *home centers*, onde o uso de outros materiais, como grama sintética, pode criar ambientes e dar destaques a produtos de lazer ou jardim.

6 - Qual a melhor cor para o varejo?

A aplicação de cores em uma loja é um tema que rende boas discussões no mundo do varejo. Mais que apenas uma questão de gosto, a escolha correta de cores no PDV pode auxiliar na construção de sua imagem e até mesmo dar uma forcinha extra nas situações em que a loja possui um espaço reduzido ou, ainda, um espaço muito amplo e vazio.

Estudos comprovam que as cores realmente podem influenciar no comportamento de compra e até na decisão do consumidor. Imagine, por exemplo, um ambiente pequeno. Nesse caso, deve-se quase que obrigatoriamente se utilizar a regra segundo a qual quanto menor parecer o ambiente, mais claro ele deve ser pintado. Preferencialmente de branco. As cores claras têm a propriedade de ampliar os ambientes, uma vez que refletem praticamente toda a luz que recebem. Do modo contrário, ambientes demasiadamente altos ou grandes podem ser "disfarçados" com a aplicação de cores mais escuras, devido à propriedade de absorção de luz que essas cores possuem.

O branco e o preto também são fortemente utilizados principalmente em lojas de produtos de alto valor agregado, especialmente quando aplicados em ambientes de decoração minimalista.

Entretanto, o branco e o preto não possuem a alegria e a vida que uma loja deve transmitir ao seu consumidor. Portanto, o uso de alguns tipos de cores pode criar sensações interessantes que podem ser associadas ao tipo de produto ou serviço que está sendo oferecido.

As cores em tons pastéis, como azuis, beges, amarelos e verdes, têm a propriedade de transmitir calma e tranquilidade ao consumidor, fazendo com que ele permaneça mais tempo no ponto de venda, e por consequência, compre mais. Entretanto, as cores pastéis, quando utilizadas em excesso, acabam por criar um clima pouco promocional.

Tons fortes, como verde, amarelo, laranja e lilás, entre outros, devem ser utilizados principalmente para criar um efeito de contraste em relação a paredes brancas ou em tons pastéis. O efeito de contraste deve ser ponderado e utilizado de modo a criar valor e identidade à marca. Quando utilizados em excesso, criam um ambiente de loja cansativo e afugentam o consumidor.

O mais interessante, ao pensar em cores para uma loja, está em buscar alinhar as cores de acordo com o posicionamento da empresa. Empresas focadas nos segmentos mais populares costumam optar por tonalidades mais fortes, como vermelho, azul e amarelo. Empresas focadas em consumidores de alta renda, ou em produtos de maior valor agregado, apostam em tons sóbrios, como o branco e o preto, ou em tonalidades naturais, como o bege e os tons amadeirados. Lojas de perfil jovem podem apostar em tons vivos como laranja e o verde, de acordo com as características de seu consumidor final.

Para cada posicionamento, existe uma composição adequada. Estude a sua!

7 - Como criar fachadas de impacto

Em São Paulo, há alguns anos, tivemos o impacto causado pela Lei Cidade Limpa, que se, no início, todo mundo achou que seria uma lei que não "pegaria" por muito tempo, essa não apenas "pegou", como serviu de espelho para outras cidades que vêm buscando implantar limitações e restrições similares.

Os resultados estão aí e, com o tempo, o mercado soube se adaptar às novas condições. Mas como é que se adaptaram?

Antes da lei, quando se tinha uma fachada em mente, na maioria dos casos, se pensava em painéis em lona do maior tamanho possível, contendo uma quantidade quase excessiva de informações, nomes, telefones, imagens, desenhos etc.

Lembro que, no primeiro momento, todo mundo apenas "reduziu" os painéis. Não analisaram a lei com paciência e, por consequência, perderam muito em visibilidade e resultados.

Como criar fachadas sob regras tão rígidas?

O maior mérito dessa lei é não apenas ter limpado a cidade, mas também ter resgatado o "caráter arquitetônico" das fachadas. O que a lei julga são apenas anúncios publicitários, logotipos aplicados. As fachadas em si, quando bem trabalhadas, podem até mesmo não precisar pagar nenhum tipo de taxa ou imposto à Prefeitura.

Vamos citar um exemplo bem claro, possível de comparação à maioria dos brasileiros. Imagine uma loja do McDonald´s. Detalhes construtivos como cores, telhados e tipologia, em conjunto, criam uma assinatura única de uma loja. Não são necessários os "arcos dourados" para que você visualize a loja como um McDonald´s.

Buscar uma assinatura arquitetônica única é uma maneira de fortalecer sua marca sem a necessidade de grandes gastos em painéis e anúncios. Não digo que cada loja que venha a ser criada deva ter uma assinatura única, como a do prédio do Museu de Arte de São Paulo (Masp). Uma série de circunstâncias faz uma loja funcionar bem: vitrines, acessos, visibilidade de produtos. Inventar algo novo é sempre bem-vindo, mas devemos pensar sempre como varejistas. Mil vezes uma loja feia que funciona do que uma revolucionária que não venda nada.

Fachadas são como os cartões de visita de sua loja. Em muitos casos, uma boa fachada, uma boa vitrine, pode ser o fator de escolha de seu cliente entre entrar na sua loja ou na concorrência.

Algumas possibilidades para uma boa assinatura podem ser criadas através da criação de pórticos únicos de entrada. Lojas como Tok&Stok, C&C Casa e Construção, Etna, entre outras, vêm trabalhando essa "identidade de entrada" de maneira única. Na C&C, por exemplo, as lojas mais novas têm uma entrada imitando a "casinha" presente em seu logotipo. Uma forma criativa de manter a identidade da marca até mesmo nos aspectos arquitetônicos.

Outra maneira de destacar sua fachada é buscando uma assinatura única no momento de pintura da fachada. Um grande exemplo são as lojas da rede Carrefour, que adotaram um tom verde em toda sua comunicação, inclusive na fachada. O grande mérito é que, pela primeira vez, uma empresa ousou buscar uma cor totalmente desligada de sua marca (azul, vermelho e branco, o que ficaria extremamente pesado ou fraco para uma fachada, dependendo de como se combinassem essas cores).

Tenho visto em São Paulo, principalmente nos varejos de bairro e de pequeno porte, a utilização de grafites para a decoração das fachadas. Nada contra o grafite como arte, mas a não ser que seja um caso extremamente específico, como o de uma loja que venda moda "street" e que possa ter algum contexto com a arte de grafite, acredito que essa não seja uma boa alternativa para fachadas. Desenhos "bonitinhos" não criam valor para a marca. Pense que o grande negócio é criar valor para uma fachada para que essa traga valor para sua marca. Fachadas cheias de "desenhos" não trazem valor algum.

Outra boa forma, que principalmente bancos vêm utilizando, é colocar grandes painéis recuados a partir de um metro da fachada da loja. A lei de São Paulo não considera como anúncio nada exibido a essa distância da fachada. Ou seja, a partir daí, é permitido qualquer maneira e qualquer tamanho que o lojista desejar. Num passeio rápido pela Avenida Paulista, é possível constatar uma série de fachadas com essa solução.

Sendo assim, o grande lance é pensar na fachada como um apêndice de sua marca. Boas fachadas valorizam as marcas, boas marcas valorizam a loja, boas lojas vendem mais. Entendeu?

8 - REFORMAR A LOJA: O QUE FAZER PRIMEIRO?

Se montar uma loja muitas vezes já é um processo difícil, não somente por causa da parte física (montagem) e processual, mas principalmente pelas expectativas e temores que rondam a cabeça do lojista, reformar então, na visão de muitos, seria o equivalente à verdadeira representação do Inferno.

Seja um negócio consolidado, muitas vezes precisando apenas de uma repaginação ou atualização, ou um negócio à beira da falência, o tema ainda causa muitas dúvidas e receios. Por isso, vamos falar sobre algumas atitudes que têm a ver não com a economia de materiais ou a velocidade da obra, mas sim com o impacto que suas reformas causarão em seus clientes.

A primeira pergunta que todo o lojista sempre faz é: preciso fechar minha loja para reformá-la ou posso fazer a reforma mantendo-a funcionando normalmente?

Essa primeira questão nos remete a alguns processos interessantes. Lojas que permanecem de portas fechadas aos finais de semana ganham dois dias (sábado e domingo) para que os processos mais pesados ou complicados da obra, como um assentamento ou a troca dos revestimentos, sejam realizados.

Por outro lado, processos mais leves, como uma pintura de parede ou uma pequena instalação de mobiliário, podem ser feitos até mesmo durante as atividades diárias da loja.

O que o varejista precisa, nesse momento, é de um certo conhecimento sobre seus consumidores. Se ele acredita que o barulho poderá atrapalhar em algum momento ou perturbar seus clientes, é recomendado que esses processos sejam realizados durante o período noturno, após o encerramento das atividades, quando possível.

Mesmo tendo que colocar lonas para fechar a visão de partes da obra ou até mesmo interditando algumas áreas, dependendo do tipo de comércio e consumidor, esses processos pouco influenciam os resultados das vendas. Obviamente, quanto maior e mais complexo o processo, maior a probabilidade de queda nos resultados.

Entretanto, o lojista deve entender que uma queda no resultado não significa que o consumidor não irá mais ao estabelecimento. Em alguns casos, esse consumidor está apenas "aguardando" sua reforma, esperando alguma novidade ou promoção especial de reinauguração. Se for possível fechar a loja para a reforma completa, o nível de expectativa criado junto ao consumidor será ainda maior, assim como os resultados posteriores.

Para pequenos passos, recomenda-se procurar reformar a loja durante sua operação, sem a necessidade de fechá-la. Para passos grandiosos, em muitos casos é mais interessante que se feche a loja, mesmo que apenas um ou dois dias antes da reinauguração, para que o fator "expectativa do cliente" seja elevado.

9 - POR DENTRO OU POR FORA: POR ONDE COMEÇAR A REFORMA?

Este é um problema recorrente na cabeça dos varejistas na hora de iniciar qualquer processo de reforma de uma loja: por onde começar? O que vale mais a pena? Investir na fachada ou no layout da loja?

Vamos imaginar a seguinte situação: um varejista observa que suas vendas estão abaixo do esperado. Decide então iniciar um processo de reformulação de sua loja, reformando-a e introduzindo novos produtos e serviços.

Ao mesmo tempo, decide revigorar sua logomarca no mercado, contratando um escritório especializado.

Na maioria dos casos de reforma, com um orçamento apertado, muitos varejistas se veem obrigados a optar por mudar primeiro a fachada ou primeiro o layout da loja. Então, como agir? Se optasse por alterar apenas o layout da loja, iria apenas fazer com que os clientes habituais talvez comprassem mais (aumento do tíquete médio). Mesmo considerando apenas seus clientes habituais, apenas notariam alguma mudança na loja aqueles que realmente entrassem na loja, caso o varejista não recorresse a nenhuma outra estratégia de divulgação.

Se o mesmo varejista tivesse optado em alterar primeiro toda a fachada, iria provavelmente atrair algum novo cliente e poderia aumentar de modo geral suas vendas; mas para os clientes habituais não haveria nenhuma mudança visível na loja e, por consequência, não haveria estímulo para compras novas ou maiores.

Somente a dosagem correta entre fachada (ou imagem da loja) e layout pode gerar o resultado que todo varejista procura: atrair novos clientes e vender mais e melhor aos que já compravam antes. Com uma loja que possua nova identidade e layout, você tanto atrai novos clientes, fortalecendo sua marca no mercado, quanto vendendo mais e melhor a quem já era frequentador.

Iniciar todos os processos por etapas pode ser uma boa saída. Mudanças não tão radicais, feitas rapidamente, auxiliam seu cliente a compreender sua nova estratégia e, por consequência, impactam melhor as vendas. Quando você não educa seu consumidor, não o ensina a comprar com você, o resultado é que ele acaba deixando de comprar em sua loja.

10 – COMO COMPRAR GÔNDOLAS PARA UMA LOJA

Este texto é mais uma dica ao amigo varejista que está começando uma reforma em sua loja, ou que está iniciando um novo negócio no varejo.

Um dos maiores problemas que encontramos com clientes é exatamente na hora de comprar equipamentos. Tome cuidado com o projeto que vem de graça, muitas vezes oferecido pelas empresas que fornecem esse tipo de equipamento.

A maioria dessas empresas, para facilitar e agilizar o trabalho junto a um novo cliente (nesse caso o lojista), oferece a ele o projeto de layout de loja gratuito. O cliente, muitas vezes, só percebe o lado positivo da situação e esquece de ponderar quanto ao projeto.

O fabricante de gôndolas, ao fazer o layout, não está interessado em saber se você terá condições de abastecer a loja de produtos para preencher todo o equipamento comprado. Não está interessado em criar uma loja confortável.

Infelizmente, alguns desses fabricantes estão interessados somente em colocar a maior quantidade possível de equipamentos em sua loja. Enxergam a sua loja como em um jogo do tipo "Tetris", ou como um quebra-cabeça: quantas gôndolas consigo colocar nessa loja?

Do lado de quem vende o equipamento, o ideal seria ponderar e procurar atender as reais necessidades do lojista. Nem sempre é necessário tanto equipamento. Do lado de quem é lojista, vale sempre a pena consultar um escritório de arquitetura ou uma empresa especializada. Ou, ainda, analisar muito bem o trabalho antes de comprar. Uma vez que se trata de um serviço gratuito, pesquise muitas empresas antes de fechar negócio.

Vale, entretanto, levar em conta algumas dicas:

- O fundo aramado das gôndolas pode baratear, mas pode deixar sua loja com aspecto mais empobrecido. Se essa não é sua preocupação, pode ser uma boa saída.

- A profundidade do equipamento também pode encarecer ou baratear o equipamento.

- Borrachões e proteções podem parecer um excesso, mas asseguram a durabilidade dos equipamentos.

- Módulos de 1,00m em um projeto podem ser mais vantajosos do que módulos de 1,30m, mas diminuem o impacto de produtos e reduzem a exposição dos itens.

- Gôndolas que possuem iluminação podem parecer um luxo, mas em certas categorias valorizam e melhoram a venda dos produtos.

- Cuidado ao comprar gôndolas coloridas. Utilize preferencialmente o branco ou o cinza. Essas cores são neutras e não atrapalham o visual da loja. Lembre-se: os holofotes devem estar voltados às suas mercadorias, não às gôndolas.

11 – O LAYOUT IDEAL

Como organizar um bom layout de loja? Esse layout padrão pode ser aplicado em qualquer tipo de varejo, independentemente do tipo de produto ou mercado, pois não leva em consideração o produto em si, e sim o comportamento do consumidor e como ele reage ao espaço físico da loja.

Um layout de loja é composto por quatro partes essenciais:

Primeira parte: vitrines e respiros

Por ser o primeiro contato do cliente com a loja, é nessa parte da loja que colocamos as vitrines, funcionando como chamarizes ou iscas para atrair os clientes. Para lojas de perfil popular, é interessante utilizar essa parte da loja como se fosse uma extensão da rua, do modo mais convidativo possível, para que o cliente "entre sem perceber" pela loja.

Para lojas mais recuadas, como as que possuem estacionamento, é preciso ter cuidado com as mercadorias e ofertas expostas, dado que o cliente irá entrar na loja, muitas vezes, sem percebê-las.

Segunda parte: produtos de compra por impulso

Nessa parte o cliente já se encontra fisicamente "dentro" da loja, mas ainda não a percebeu por completo. É por isso que colocamos normalmente nessa área os produtos de venda por impulso, ou grandes ofertas. É nessa parte também que oferecemos aos clientes produtos novos, ou departamentos novos, de modo a "orientar e educar" o consumidor a se interessar por essas novidades.

É nessa zona que encontramos o caixa ou checkout da loja. Junto a eles, é interessante colocar produtos de venda por impulso, pois é no momento de saída do cliente que esse tipo de produto é lembrado (pilhas, balas, aparelhos de barbear etc.).

Terceira parte: zona de decisão (cognição)

Nessa parte da loja, seu cliente já a entende por completo. É onde devem ser expostos os principais produtos da loja, principalmente aqueles os quais o cliente precisa de tempo para uma tomada de decisão (os chamados produtos de cognição). Aproveitando essa situação, localizar serviços como cafés ou mesas de atendimento nesse setor é muito interessante.

Quarta parte: categorias-destino

Nessa parte são expostos os produtos "essenciais" de sua loja. Aqueles produtos para os quais seu cliente tem sua loja como referencial. Essa tática faz com que o cliente percorra toda a loja até chegar ao produto que ele busca, podendo se interessar, nesse percurso, pela compra de outros produtos.

Para alguns tipos de varejo, os produtos de destino costumam necessitar de uma melhor logística e, por consequência, uma melhor localização na loja, dada sua alta rotatividade. Nesse caso, o melhor a fazer é também localizá-los próximo à entrada do depósito, quando houver.

12 – O QUE EXPOR NO MEZANINO DE UMA LOJA?

Nos cursos e palestras que ministro, uma pergunta frequentemente aparece quando falamos sobre o layout de lojas: "Minha loja tem um mezanino, como é que eu resolvo isso? Que produtos eu exponho lá?" (na verdade, são duas perguntas).

Para explicar essa situação, vamos ilustrar o problema de três maneiras diferentes:

MEZANINO A – Fundo da loja

Esta situação é a que considero mais simples. O cliente entra em sua loja e consegue visualizar facilmente o mezanino ao fundo da loja. Nesse caso, é possível trabalhar praticamente todos os departamentos da loja.

Por se tratar de um outro pavimento, o mais interessante é que nele estejam equipamentos e produtos que não necessitem de muito giro, de modo a facilitar os processos logísticos da loja. Departamentos de showroom e que possam ser vendidos por mostruário são os mais indicados.

MEZANINO B – Frente da loja

Esta situação é um pouco mais crítica, pois o cliente não nota o mezanino de imediato. Ele entra pela loja e o mezanino já se encontra atrás dele. Nessa situação, o melhor a fazer é buscar expor produtos de destino, aqueles itens que o consumidor já busca em sua loja sabendo que será fácil encontrar. Sempre lembrando de tentar otimizar ao máximo a logística e o abastecimento de produtos; outra ideia é concentrar no mezanino alguns serviços, principalmente os de atendimento e financeiros.

MEZANINO C – Lateral da loja

O caso é muito similar à situação do mezanino na frente da loja. A solução varia em função da relação entre entrada da loja, corredor e posição do mezanino. Caso este esteja sobre a entrada e o corredor central, o ideal é concentrar ao máximo as soluções de destino para exposição. Caso ele esteja situado em uma posição mais favorável em relação à entrada, permitindo uma melhor visualização, é possível utilizar uma solução tal como nos casos de mezanino ao fundo da loja.

CASO EXPECIONAL: Loja com diversos pavimentos

Se em vez de um mezanino você trabalha com pavimentos, a situação é similar. Concentre no térreo os produtos e soluções de rápida saída, como itens de conveniência, e produtos que necessitem de maior giro operacional. Nos demais pavimentos, quanto maior o número de pisos, mais você terá de criar categorias e departamentos "destino" ao cliente, de modo a criar a necessidade de percorrer a loja em busca desses produtos.

13 - STORE-IN-STORE E SETORIZAÇÃO

Já ouviu falar de store-in-store? O conceito, ao pé da letra, significa "loja na loja", ou seja, uma loja funcionando dentro de outra.

É comum encontrarmos em algumas lojas um espaço dedicado a uma determinada marca ou tipo de produto. Em lojas de brinquedos, por exemplo, isso ocorre com frequência. Há alguns anos, por exemplo, a Disney desenvolveu esse conceito em algumas lojas no Brasil, criando verdadeiros espaços de fantasia para a garotada. As crianças se encantam, interagem, se divertem e, como consequência, os pais acabam por comprar mais.

Até pouco tempo atrás, o que se via era sempre a representação de uma marca dentro do conceito de uma loja. Durante anos, o *store-in-store* fazia parte somente das estratégias de marketing e merchandising dos fabricantes. Os varejistas, por sua vez, viam esses espaços de exclusividade apenas como uma operação para gerar mais lucros, locações e melhores negociações.

De uns tempos para cá, esse cenário vem cada vez mais se transformando. Estamos assistindo a uma revolução desse conceito. Os próprios varejistas passaram a enxergar o conceito de *store-in-store* não apenas para gerar mais lucros em determinados setores, mas também para criar oportunidades de inserção de novas categorias e até de departamentos inteiros.

Um exemplo claro disso vem dos supermercados: o Walmart chegou a ser o maior vendedor de vestuário do mercado norte-americano. O consumidor se habituou a comprar roupas, casuais ou não, no mesmo espaço onde compra os mantimentos para o mês.

Mas e no mercado brasileiro? Comprar cuecas, meias ou até mesmo chinelos não é nenhuma novidade no mercado brasileiro, mas como criar o conceito de comprar vestuário, seja para trabalho ou para o passeio do final de semana?

Todo mundo adora comprar roupa em lojas de shopping ou similares. As grandes marcas funcionam como status social. Vestir roupas da marca X ou Y auxilia o indivíduo a se sentir confortável em seu meio social.

Mas quem compraria uma calça jeans em um supermercado e sairia propagandeando por aí: gostou da minha calça? Comprei no Carrefour!

O primeiro passo para quebrar a barreira de comprar roupas em um supermercado foi criar o conceito de "esquecer completamente que se está em um supermercado". Gôndolas altas bem posicionadas limitam a altura dos olhos, dando as peças de vestuário como única visão ao cliente. O próprio piso da loja passa a possuir um revestimento diferente, muitas vezes em carpete de madeira, buscando criar valor onde se está pisando.

Provadores, araras diferenciadas e imagens humanizadas dão o clima final, criando a percepção de valor do produto.

E falando de produto, obviamente, nunca se iniciaria a venda de produtos de vestuário de supermercado apostando na venda de ternos ou vestidos de festa. A ideia é, uma vez que já é assimilada pelo mercado a compra de peças de vestuário básicas, continuar a cadeia de compra, oferecendo calças jeans, camisas casuais, jaquetas em épocas de inverno. Peças que compõem um visual básico, porém inteligente.

Mas somente apostando na qualidade de um produto é que podemos apostar na longevidade de compra, na criação de valor por parte do cliente. Quando ele "aprender" que comprar roupas em supermercado é um bom negócio, dificilmente deixará de comprar.

Não importa em que tipo de varejo você trabalhe, mesmo que limitado a apenas uma categoria entre na loja, respire fundo e pense: onde você pode destacar seu produto? Onde o cliente precisa ser "educado" a comprar? O limite entre uma venda com sucesso ou o fracasso de um novo produto pode estar na resposta a essa questão.

Acredita que tudo isso não vale a pena? Pense: há alguns anos, você pensaria em comprar televisores, geladeiras ou computadores em um supermercado? Você foi educado para isso.

14 – 8 dicas práticas de merchandising

Aqui vão algumas dicas básicas, mas importantes e interessantes, para incrementar sua loja e ajudar você a vender mais. São dicas que valem para todo segmento de varejo e todo tipo de loja. Não importa se você esteja em um shopping center de alto luxo ou em uma rua na periferia, vale fica atento a estes pontos:

1) **Mantenha gôndolas, expositores e produtos limpos e organizados**

Loja suja ou mal-organizada passa uma péssima impressão ao consumidor. Ele quer ter orgulho de poder comprar em uma loja que seja tal qual o sonho que projeta para sua casa ou para sua vida.

2) **Identifique e precifique todos os produtos corretamente**

Produto sem preço não vende. Além disso, a precificação de todos os itens de sua loja é obrigatória por lei. Não há maneira de um consumidor levar um produto se não consegue observar quanto ele custa. A maioria absoluta dos clientes não irá perguntar o preço de cada item que deseja.

3) **Respeite o agrupamento de produtos por família (setorização)**

Interligue produtos relacionados na loja. Assim sendo, mantenha louças sempre próximas de azulejos, metais sempre perto dos produtos para hidráulica e assim por diante.

4) Exponha produtos de forma vendedora e explicativa

Assim como falamos sobre precificação, todos os produtos devem "se vender" ao consumidor por meio de uma boa exposição. De nada adianta um produto inovador ou revolucionário sem que seja acompanhado de uma explicação, seja por venda assistida e demonstração, seja por material de apoio, como *wobblers*, cartazetes e faixas.

5) Valorize produtos em promoção utilizando elementos promocionais

Faixas, cartazes, banners, ilhas e pontas de gôndola são exemplos de elementos que valorizam significativamente a promoção. Devemos utilizar todo o "arsenal bélico de merchandising" na criação de promoções atrativas.

6) Mantenha a comunicação visual da loja em ordem e JAMAIS cole etiquetas, faixas ou cartazes diretamente nos produtos ou em paredes pintadas

Quer ter uma loja forte? Mesmo que estejamos falando de uma pequena loja de materiais para construção, desde o início deve-se trabalhar de forma consistente a identidade da empresa. Hoje o acesso à informação e a softwares de desenho e criação está bastante facilitado. Busque padronizar sua precificação e nunca a faça de qualquer maneira. Mesmo em lojas e redes de grande porte, podemos encontrar completo descaso no que se refere à padronização de precificação e promoções.

7) Mantenha os expositores sempre abastecidos

Imagine uma loja com poucos produtos em uma estante ou gôndola. Qual a impressão que ela passa? Uma loja à beira da falência, ou no mínimo com sérios problemas financeiros. Volume é importante, principalmente se tratamos com consumidores de perfil popular.

8) Ofereça um atendimento excelente

E não é que falamos de atendimento, mesmo essa não sendo uma responsabilidade diretamente relacionada às ações de merchandising? De nada adianta o lojista ter uma loja arrumada se seu atendimento não trouxer o mínimo de simpatia e atenção aos clientes. Atendimento de qualidade é uma premissa básica para o sucesso, a longevidade e a perpetuação de todo varejo.

Um grande abraço e boas vendas!

15 - ORGANIZAR POR SOLUÇÕES OU POR MARCAS?

Essa é uma questão importante, um verdadeiro desafio para profissionais, especialistas e pensadores de merchandising e *trade marketing* do mercado, principalmente falando do ponto de vista do varejista. O que vale mais a pena na hora de organizar os produtos de uma loja? Organizar produtos em função de seu uso, finalidade ou em função das marcas que eles representam?

O mercado foi habituado, desde sempre, a obedecer à exposição de produtos por marca. Seja na situação em que o varejista cede o espaço à indústria ou quando a indústria tem de comprar seu espaço na gôndola. A vantagem desse modelo é que o espaço é fechado e determinado apenas para uma marca e, por consequência, o consumidor irá somente encontrar produtos daquele fornecedor dentro do espaço. Dependendo do tipo de loja e do tamanho dela, em um único espaço de marca muitas vezes estão vários tipos de produtos, até mesmo de setores e departamentos distintos, fabricados por uma mesma indústria.

Os fornecedores, na maioria dos casos, não brigam para estar apenas em seus setores, mas, muitas vezes, por estar em locais de exposição nos quais, na visão do varejista, não haveria necessidade. Por exemplo: é possível encontrar, em muitas situações, produtos caracterizados como destino expostos logo na entrada da loja. Para a indústria é ótimo (afinal, trata-se de maior exposição e fortalecimento de marca), mas e para o lojista? Será que vale a pena perder um espaço importante de loja com um produto que já teria sua venda praticamente certa?

Por outro lado, uma das maiores tendências que temos hoje como experiência de consumo, cada vez mais buscada pelos varejistas, é exatamente a questão da SOLUÇÃO DE VENDA.

O consumidor, com uma vida muito mais corrida e agitada, principalmente nos grandes centros, não deseja perder tempo escolhendo produtos. Deseja comprar rápido e corretamente, com a segurança de ter feito a escolha certa para o que buscava, no menor tempo possível. Os varejistas que seguem as tendências do mercado têm procurado extinguir completamente o conceito de marca, agrupando produtos não em função de fabricantes, mas em função de seus usos.

Se antes havia a visão de que cada fabricante deveria ocupar um módulo de gôndola e dentro desse expor sua linha de produtos, a tendência atual é de que em cada módulo seja encontrada uma tipologia ou linha de produto, e que os fabricantes estejam presentes em todos os módulos.

Se de um lado essa parece uma ideia interessante, de outro modo, tal exposição exige um controle rigoroso por parte do varejista. A primeira consequência desse tipo de exposição é que toda a expertise de vendas da indústria é descartada e tem de ser aplicada somente pelo varejista. Promotores, treinados e acostumados com os trabalhos e métodos de organização dos produtos das marcas a que prestam serviços, se sentem completamente perdidos quando o trabalho de exposição é destrinchado e espalhado por vários módulos e setores.

Da mesma maneira, caso uma indústria tenha um trabalho forte de merchandising e sua concorrência não trabalhe da mesma forma, o resultado geral para o varejista será um departamento completamente desorganizado, pois gôndolas "meio arrumadas", organizadas por uma indústria e não por outra, aos olhos do consumidor estão 100% em desordem.

E mesmo dentro do varejo é difícil encontrar uma linguagem única. Se, por um lado, departamentos de merchandising desejam otimizar a experiência de compra, por outro os compradores dessa mesma empresa se sentem desorientados quanto a cobrar pelos espaços de exposição e arrecadar verbas para o próprio varejista. Como o espaço está completamente distribuído, e não mais localizado, o argumento da equipe de compras, de vender exposição e potência de visualização, é perdido e as negociações ficam mais difíceis.

Ainda em muitos casos, é possível encontrar proprietários, sócios e diretores que cobram, ao mesmo tempo, uma postura de experiência por parte de seus profissionais de merchandising e uma postura de venda de espaços por parte de seus compradores, sem qualquer tipo de alinhamento estratégico ou diretriz mais determinada. Com essa confusão, os resultados muitas vezes são pífios e a melhor alternativa, na visão dos profissionais envolvidos, é um regresso aos velhos sistemas de exposição e compra.

Essa é uma guerra que ainda irá consumir tempo e tentativas. Entretanto, enquanto o varejo, incluindo toda sua hierarquia de comando, e a indústria não encontrarem um caminho adequado e de consenso, dificilmente se atingirão os resultados esperados, restando apenas belas teorias.

16 - VALE A PENA COLOCAR MARCAS DE FORNECEDORES EM UMA FACHADA?

Um caso frequente que vemos na aplicação de fachadas é a utilização de painéis com logotipos ou imagens referentes a produtos de empresas fornecedoras. Em um supermercado pode haver a exibição do logotipo de alguma indústria de bebidas, ou em um varejo de construção a exibição de uma marca de tintas ou louças, por exemplo.

Mas quando é vantagem possuir marcas de fornecedores em uma fachada?

Independente da legislação da cidade de São Paulo, que restringe as possibilidades desse tipo de exibição, as vantagens ou desvantagens são relativas principalmente ao tamanho e importância da marca do varejista.

Quando estamos falando de uma empresa pequena, ainda sem força de mercado, como um pequeno depósito ou um supermercado de bairro, trazer bons fornecedores à sua fachada pode agregar alguma credibilidade em relação aos produtos que a loja comercializa.

Imagine uma loja de bairro que vende apenas tintas. Em uma primeira impressão, não imaginamos ou não sabemos se poderemos encontrar algum produto de qualidade no local. Dado o porte pequeno, boa parte dos consumidores pode acreditar que em uma loja dessas somente encontrará algumas marcas mais populares e, de quebra, de qualidade ruim.

Quando você associa o seu nome a uma marca forte de mercado, você informa aos seus consumidores que é possível encontrar em sua loja uma boa marca.

Viu como a marca muda a visão do consumidor?

Sendo assim, a escolha de qual fornecedor vai entrar em sua loja não deve apenas levar em consideração "quem irá pagar para estar lá", e sim qual seria uma boa marca para ser exposta. Você pode acabar percebendo que, em um mercado, o mais importante pode ser ter uma boa marca de bebidas ou de sorvetes em exposição. Mais do que apenas exibição, deve-se levar em consideração a estratégia.

Mas e para uma loja grande, como isso varia? Quando você já possui uma marca consolidada no mercado, ter ou não um fornecedor na fachada passa a ser apenas uma questão de vantagens e negociações. Se um bom acordo vier em consequência de expor o fornecedor na fachada, por que não?

Uma grande rede de hipermercados não precisa de um painel da Coca-Cola para melhorar sua imagem. Vamos, porém, imaginar que estamos entrando com uma nova marca no mercado, um novo produto. Por exemplo, a "VAREJO-COLA" (o nome é horrível, mas é só para ilustrar a situação).

Se eu optar por apenas brigar dentro do ponto de venda, vou ter de investir pesado para informar meu consumidor que meu produto existe no mercado, uma vez que concorre com outros produtos já tradicionais e fortes.

Mas se coloco meu nome na fachada do hipermercado, dada a credibilidade da marca da loja, automaticamente o consumidor passa a confiar na marca e, em muitos casos, leva o produto, nem que seja para "testar" ao menos uma vez.

É mais ou menos como acontece com os produtos de marca própria no mercado, que as pessoas levam para casa não pela qualidade do produto (num primeiro momento), mas pela credibilidade associada à empresa.

Sendo grande ou pequena, possuir um fornecedor na fachada pode agregar muito a uma loja, principalmente se você comercializar o espaço, que, em muitos casos, pode custear uma reforma ou uma cara nova para a loja. Pense nisso.

17 - COMO CRIAR UM BOM PROJETO DE COMUNICAÇÃO VISUAL

Muito se fala sobre comunicação visual e sobre como ela pode criar um melhor efeito no ponto de venda. Para falar de comunicação visual de lojas, ou seja, de toda a sinalização da loja, é preciso entender como compor um projeto de comunicação visual.

De forma geral, três grandes métodos são utilizados:

1) Placas contendo apenas textos

É uma das maneiras mais simples de criar uma comunicação efetiva na loja. Definindo apenas os materiais, as cores e o tipo de fontes (letras) a serem utilizadas, a comunicação possui a função básica de orientar os clientes pelos corredores da loja.

2) Placas contendo pictogramas

Primeiramente, o que é um pictograma? São símbolos que, em imagens simples, representam palavras, ou departamentos, no caso de uma loja. O bonequinho cor de rosa desenhado na porta do banheiro é um exemplo de pictograma. A vantagem dele em relação ao modelo anterior é que os pictogramas auxiliam a leitura das placas. Em alguns casos, facilitam a localização dos departamentos por pessoas com problemas de visão ou com dificuldade de leitura.

Outra vantagem em relação ao modelo de imagens, que explicaremos a seguir, é que, ao possuir um projeto próprio de pictogramas, você fortalece sua marca com uma comunicação única. Dependendo do que for combinado com a empresa responsável pelo design, você é detentor do projeto e pode usá-lo por tempo indeterminado.

3) Placas contendo imagens

Principalmente quando encontramos imagens humanizadas, com pessoas felizes, em situações relacionadas ao ambiente em que essas imagens serão aplicadas, essa comunicação ajuda a "vender o sonho" ao cliente. Imagens transmitem conceitos de felicidade e satisfação, a verdadeira sensação de "quero comprar para estar bem assim também". Entretanto alguns cuidados devem ser tomados ao utilizarmos imagens. Existem três maneiras de obtermos imagens de forma legal:

a) Serviços de banco de imagens - São serviços pagos, nos quais fotos são licenciadas por um período pré-determinado. Utilizar imagens sem pagar as devidas licenças pode gerar multas e processos ao varejista.

b) Recursos próprios - Alguns podem considerar uma desvantagem comprar uma foto pronta e, por isso, optam pelo caminho das "fotos próprias". É um caminho interessante, pois permite criar um melhor foco sobre os produtos a serem vendidos ou sobre o perfil de público que se quer atingir. Entretanto, caso a fotografia se utilize de modelos, sejam eles profissionais ou funcionários da loja, é necessário pagar a eles o "direito de imagem". O uso dessas imagens pode ser negociado de diversas maneiras, mas em geral é definido por um período limitado de tempo.

c) Fotos provenientes de parceiros ou empresas – Um recurso, principalmente para varejistas pequenos, é solicitar e utilizar imagens de empresas fornecedoras ou parceiras. Nesse caso, por exemplo, na hora de criar uma placa de um departamento de tintas, pode-se solicitar a algum fornecedor algumas imagens de seu próprio arquivo. Apesar de gratuito ao lojista, a desvantagem é que ao longo do tempo pode ser que algum produto ou marca necessite ser trocada. Outro fator negativo é que utilizar a imagem de um fornecedor auxilia a venda dele, mas não contribui para a construção de SUA marca.

O mais importante na hora de montar a sinalização é que sua loja não precisa de muita informação. O excesso, a poluição visual, é prejudicial ao PDV. Muita informação torna-se informação nenhuma. Não importa o material ou o método que você use, o importante é saber dosar bem na hora de compor o projeto.

Antes de sair por aí pendurando placas, é necessário saber a real necessidade da sua existência:

• Aquele departamento ou setor da loja parece escondido ou o consumidor dificilmente vai chegar sozinho até lá? Se sim, então precisa de uma placa.

• Visualmente, eu consigo encontrar tudo o que eu preciso? Então as placas não se fazem necessárias.

Dessa forma, podemos dividir um projeto de comunicação visual da seguinte maneira:

Placas de estacionamento: normalmente necessárias para estacionamentos muito grandes. Servem para guiar o cliente de modo que ele não se perca. São as famosas placas "A1", "Setor vermelho" e assim por diante, como sua imaginação mandar.

Ainda dentro do estacionamento, não se deve esquecer das placas contendo legislações, como aquelas sobre responsabilidades por furtos, velocidade máxima e mãos de direção permitidas.

Entrada da loja: se for possível, um bom "seja bem-vindo" é sempre interessante para recepcionar os clientes. Nesse ponto, placas com algumas ofertas ou uma amostra do tabloide também são interessantes. Além disso, nesse ponto você pode guiar seus clientes com uma planta da loja, permitindo que ele rapidamente localize o que precisa.

Placas de setorização: denominam os setores da loja. Podem ser colocadas em parede ou com fixação aérea. O tamanho e as proporções (horizontais ou verticais) variam de acordo com as características da loja, principalmente o pé direito. É interessante que sempre fiquem em altura maior do que as gôndolas, para melhor exposição.

A altura mínima para uma placa desse tipo costuma ser de 2,20m.

Placas de serviços: placas como serviços de lanchonete e guarda-volumes devem ter desenho, formato e até mesmo padrão diferente das placas de setorização. Nessas placas, você sinaliza todos os serviços que a loja oferece ao cliente, cada placa no seu local exato. É possível também criar uma grande placa na entrada da loja já mostrando ao seu cliente, logo na entrada, todos os serviços que o local oferece.

Placas informativas: são caracterizadas por informar sobre produtos ou serviços. Informações sobre troca de produtos e características especiais, por exemplo, compõem essas placas.

Placas de pictogramas: usadas para indicar sanitários, telefones ou até mesmo a restrição de cigarros e uso de aparelhos celulares.

Placas de emergência: utilizadas para sinalizar todo o projeto do corpo de bombeiros, de hidrantes e extintores às saídas de emergência.

Placas obrigatórias: são relativas à legislação local, localizadas principalmente nos caixas e no balcão de trocas, com leis e telefones que precisam estar à disposição do cliente.

Placas decorativas: nessas placas, você pode colocar imagens e símbolos que valorizem a loja e provoquem desejo de compra no consumidor, como pessoas consumindo os produtos ou pessoas felizes. Essas imagens incentivam a compra.

Placas promocionais: compõem o mix de merchandising da loja. Além de placas em pontos estratégicos como corredores, também estamos falando de *splashes*, *stoppers* e *wobblers*, entre outros.

Placas de corredores: algumas empresas costumam nomear e numerar os corredores de uma loja. Por um lado isso é interessante, pois estimula o cliente a andar na loja. Por outro, principalmente quando a loja tem interesse na venda assistida, desmotiva o cliente a procurar um vendedor.

Saída da loja: assim como na entrada, mensagens são também interessantes na saída. Que tal um "Obrigado, volte sempre" ou um "Obrigado por escolher a loja ...."?

18 - CRIANDO UMA BOA INAUGURAÇÃO

Há alguns anos, o Magazine Luiza chegou à cidade de São Paulo com muito barulho, abrindo 44 lojas no mesmo dia. Você já se deu conta por que fazer tanto alarde antes de abrir uma loja? Qual a importância de se criar um burburinho, uma expectativa?

Criamos uma expectativa no comércio ao abrir uma loja para "segurar" o dinheiro do consumidor e evitar que, dias antes da loja abrir, ele compre o mesmo produto em um concorrente.

Todo mundo espera encontrar grandes promoções em uma inauguração. Se você dias antes espalhar que irá abrir sua loja, certamente as pessoas vão querer aguardar para comprar. Mas não adianta nada criar um burburinho 2 ou 3 meses antes de abrir a loja. Existe um *"timing"* certo, dependendo do tipo de varejo de que estamos falando.

Quando o assunto são compras não corriqueiras, como automóveis ou um varejo de construção, aguardar um mês ou um pouco mais é bem viável ao cliente. Mas se estamos falando de um novo supermercado, o ideal é se trabalhar com expectativas aproximadamente 15 dias antes da inauguração. A maioria dos consumidores frequenta supermercados ao menos uma vez por semana e, assim, não existe tanta expectativa se a inauguração for para daqui a um mês!

O maior de todos os erros que vejo é quando a loja não se prepara para o "baque" de inauguração e acaba por se complicar nos processos de fechamento de pedidos, entregas, etc. Normalmente as lojas dimensionam funcionários, número de caixas e sistema de entrega utilizando como referência o que pretendem vender ou o movimento que imaginam criar.

Uma inauguração é como as comportas de uma represa. Você "represa" clientes. Agora o que acontece quando você abre as portas? Uma enxurrada de clientes! Dependendo do volume e da expectativa gerada, não é difícil encontrar consumidores insatisfeitos, pessoas passando mal, sistemas que não funcionam e entregas que chegam em casa totalmente em desacordo com o solicitado. Se os clientes entram com expectativa, muitas vezes saem das lojas totalmente decepcionados, seja pelos preços, seja pelos transtornos, seja pela pouca variedade que você oferece.

Lembre-se: a primeira impressão é sempre a que fica. Erre logo na primeira vez e perca para sempre seu cliente.

19 - ARMAZENAMENTO CORRETO, GARANTIA DE QUALIDADE

Chegar a um estabelecimento e ser bem-atendido: essa deve ser a premissa básica de quem busca conquistar e fidelizar consumidores. Mas de que adianta bom atendimento com produtos em falta? Já imaginou acabar a cerveja gelada ou o refrigerante justamente em um dia quente?

Possuir um bom estoque de produtos é muito importante para o negócio; entretanto, saber administrar o estoque e evitar perdas é mais importante ainda.

Como armazenar produtos de forma adequada?

1) O local

Para evitar que embalagens sejam contaminadas ou danificadas, elas devem sempre estar guardadas em um local limpo, seco (sem umidade) e, de preferência, sem iluminação forte ou direta, bem como longe de fontes de calor. Essas simples regras protegem as embalagens de problemas como bolor ou ferrugem, além de preservar a saúde de seu consumidor.

2) Armazenando os produtos:

Na hora de armazenar os produtos, as embalagens de maior peso ou tamanho devem ser dispostas nas prateleiras inferiores, de modo a facilitar a operação e evitar quedas ou acidentes. As embalagens de menor tamanho ou mais leves devem ser dispostas nas prateleiras superiores, facilitando também sua operação.

Da mesma maneira, manter os rótulos dos produtos voltados para a frente facilita a busca ou identificação.

Para evitar quebras ou danos nas embalagens, todos os produtos devem ser armazenados no sentido vertical (em pé). Principalmente em estabelecimentos em que os produtos são servidos ao consumidor, como bares e restaurantes, é necessário que pelo menos parte do estoque esteja em local refrigerado. Uma vez gelados, porém, os produtos não devem sofrer variações de temperatura, pois isso pode comprometer a qualidade e o sabor de cada um.

De modo a não haver nenhum tipo de contaminação, as bebidas devem sempre ser armazenadas separadas de alimentos. Lembre-se também que as embalagens plásticas devem estar distantes de produtos que exalam cheiro forte (material de higiene e limpeza, por exemplo), pois o plástico absorve odores do ambiente e, assim, pode contaminar seu conteúdo.

3) Reabastecimento de produtos:

Um item muito importante está no reabastecimento. De modo a evitar perdas, na hora de reabastecer ou complementar o estoque deve-se proceder da seguinte maneira:

– Primeiro retira-se da prateleira todos os produtos já armazenados.

– A seguir, coloque os novos produtos.

– À frente desses, disponha os produtos que já estavam armazenados.

Procedendo dessa maneira, você coloca à frente os produtos que têm prazo de validade mais próximo, fazendo com que eles sejam consumidos primeiro e minimizando perdas.

20 - COMO ABASTECER E REPOR PRODUTOS

Uma questão que sempre preocupa o pequeno varejo diz respeito ao abastecimento e como abastecer a loja da maneira correta, segundo o tipo de equipamento escolhido. Para cada tipo de produto existe um tipo de equipamento e, para cada tipo de equipamento, devem-se considerar alguns pontos na hora de abastecer ou repor mercadorias.

Gôndolas: antes de expor um produto em uma gôndola, é necessário saber se ele será exposto em cesto, gancho ou bandeja. Algumas regras básicas para a exposição de produtos em gôndolas:

• Comece SEMPRE pela parte inferior.

• Os produtos, por ordem de tamanho e peso, no sentido horizontal, devem ser expostos da esquerda para a direita.

• Os produtos, por ordem de tamanho e peso, no sentido vertical, devem ser expostos de baixo para cima.

Ponta de Gôndola: para a ponta de gôndola, a montagem varia de acordo com o sistema de exposição utilizado (bandeja, cesto ou gancho). Ao expor produtos em pontas de gôndola devem-se tomar os seguintes cuidados:

- A ponta de gôndola deve possuir SOMENTE um tipo de produto, podendo variar somente em cores. Modelos e tamanhos diferentes não devem ser usados, pois, na maioria dos casos, apresentam valores diferentes.

- A exposição de mais de um tipo de produto na mesma ponta deve ser considerada somente na utilização de um produto complementar ao produto principal exposto.

Bandejas: deve-se SEMPRE começar a instalação pela parte inferior da gôndola. Caso haja cores diferentes a serem expostas, deve-se verticalizar a cor, de modo a facilitar a escolha do cliente. Caso o produto a ser exposto possua data de validade, devem-se respeitar as regras de validade do produto, ou seja: produtos com validade mais próxima devem estar com "pega" mais fácil do que os de validade mais extensa, expondo os produtos com validade mais próxima à frente dos produtos com validade maior.

Ganchos: coloque um cesto ou caixas fechadas embaixo e inicie a montagem dos ganchos pela parte inferior. Os produtos dos ganchos devem estar próximos, de modo a não mostrar o fundo da gôndola. Caso haja cores diferentes a serem expostas, deve-se verticalizar a cor, de modo a facilitar a escolha do cliente. Caso o produto a ser exposto possua data de validade, devem-se respeitar as regras de validade do produto, como no caso das bandejas.

Cestos: a partir da parte inferior, coloque até cinco cestos a uma altura máxima de 1,60m. Coloque uma bandeja sobre o último cesto e caixas fechadas sobre a bandeja. Caso haja cores diferentes a serem expostas, deve-se verticalizar a cor, de modo a facilitar a escolha do cliente. Caso o produto a ser exposto possua data de validade, deve-se respeitar as regras de validade do produto, como já visto.

Pallets: os pallets só são utilizados para produtos em caixa ou que possam ser empilhados. A altura dos produtos empilhados nesse equipamento não deve ultrapassar 1,20m. É interessante colocar cartazes de preço nas faces do pallet ou ainda utilizar placas ou suportes adequados. As caixas do produto devem ser sobrepostas.

Uma boa dica é sempre deixar uma amostra do produto exposto ao cliente. Se houver uma pilha de ventiladores, um deles deve estar fora da caixa para facilitar a escolha do cliente. Imagine um ventilador ou blocos de vidro, por exemplo. Isso lembra a caixa de um quebra-cabeças. Por mais que venha escrito na caixa qual são suas dimensões, somente quando o vemos montado é que temos a real noção de seu tamanho.

Cestos de Corredor: só utilizados para a exposição de produtos vendidos a granel, que não possam ser empilhados. Cartazes de preço devem estar afixados nas quatro faces da ilha a uma altura de 0,70m. As caixas do produto devem ser sobrepostas. Caso não haja estoque suficiente para preencher o cesto, uma boa ideia é usar como "recheio" do cesto algumas caixas vazias (podem ser até mesmo as próprias caixas do produto) e, em volta delas, colocar, como "cobertura", o produto. Os produtos, dentro de cestos, devem apenas ser jogados, em vez de arrumados, pois isso estimula o cliente a tocá-los.

21 - MÚSICA NA LOJA MELHORA AS VENDAS?

Muita gente ainda acredita que música no ponto de venda não serve para coisa alguma, ou não toma nenhum tipo de cuidado no tipo de música que coloca em sua loja. Tal como a aplicação das cores, comunicação visual, equipamentos de exposição e muitos outros, a música auxilia na construção da marca. Como se fosse um acessório, ela deve estar de acordo com o posicionamento de sua loja, com a imagem que você deseja passar ao seu consumidor.

Imagine uma loja de joias tocando ritmos populares, como forró ou axé. Nada contra a música em si, desde que estivéssemos falando de uma loja de perfil popular.

Como fazer uso da música para melhorar as vendas?

Rock ou músicas rápidas: são utilizadas para acelerar o cliente no ponto de venda. Uma música mais rápida vai fazer com que seu cliente ande mais rápido por sua loja. Você pode utilizar o efeito de uma música como essa no momento em que o excesso de clientes em sua loja estiver prejudicando sua segurança ou a qualidade de atendimento.

Músicas lentas, como new age ou MPB: funcionam para reter o cliente no ponto de venda. Uma música mais lenta fará com que seu cliente caminhe mais devagar, passe mais tempo à vontade e, por consequência, compre mais. É o tipo de música mais utilizado pelos lojistas.

Músicas eletrônicas ou de perfil jovem: são utilizadas principalmente por lojas de vestuário. A escolha do tipo de banda ou artista tem a ver com o perfil das roupas vendidas. Uma loja de surfe irá colocar uma trilha de reggae, por exemplo, enquanto em uma loja de perfil fashion a trilha certamente será composta por músicas eletrônicas ou que transmitam um perfil de modernidade e últimas tendências.

Ritmos populares, como sertanejo ou forró: devem ser utilizados exclusivamente quando existe algum tipo de sinergia com o consumidor ou com o mix de produtos exposto no ponto de venda. Música é interessante e melhora as vendas, mas para utilizá-la no ponto de venda é necessário estar atento ao pagamento das taxas de direitos autorais dos artistas, recolhidas pelo ECAD. Mesmo sendo consideradas abusivas por muitos, não pagar essas taxas pode gerar multas ao seu estabelecimento. Mesmo se você sintonizar uma rádio na sua loja, terá de pagar as tais taxas. Informe-se e procure trazer mais alegria ao seu ponto de venda.

22 - Uniformes no ponto de venda: vale a pena?

Pequenos varejistas acreditam que uniformes não passam de pequenos caprichos. Um capricho que deve ser utilizado somente quando não há mais onde se investir na loja. Por último, investem nos uniformes.

Entretanto, os uniformes são uma das ferramentas mais importantes quando falamos de equipes de vendas. Imagine você entrando em uma loja onde ninguém usa qualquer tipo de identificação. Como você reconhece os vendedores? Principalmente quando falamos de uma loja que está deixando de trabalhar no balcão para começar a trabalhar com autosserviço, o uniforme se torna indispensável aos funcionários.

Uma loja com funcionários uniformizados gera mais confiança e respeito por parte do consumidor.

E, quando falamos de uniformes, não falamos necessariamente em vestir seus funcionários da cabeça aos pés. Estamos falando em utilizar algum elemento que represente sua loja. Pode ser uma camiseta, um lenço no pescoço das funcionárias do caixa, um boné em alguns casos. Qualquer identificação vale. Mas tem que usar alguma coisa.

Evite que seus funcionários venham trabalhar fantasiados com camisetas de futebol ou roupas de dançarina de funk. O bom senso deve ser utilizado sempre. Camisa aberta, suor, roupas demasiadamente curtas, tudo isso pode contribuir negativamente para seu atendimento e, por consequência, para sua marca.

É importante começar um negócio pensando grande, pensando desde o início em sua marca. Trabalhe sua marca, sua imagem, desde os uniformes e você verá a diferença.

Parte 02
—
PARA ONDE VAI O VAREJO

INTRODUÇÃO

O varejo é o segmento mais "nervoso" da economia. Qualquer alteração no humor dos consumidores ou no cenário da economia influencia as vendas nas lojas. É natural, então, que os varejistas estejam muito mais atentos ao que acontece no dia a dia e se preocupem menos com as tendências do mercado. O problema é que agir dessa forma é como dirigir em uma estrada sem olhar o que acontece mais à frente: o risco de errar uma curva ou provocar um acidente é grande.

Por isso precisamos sempre olhar as tendências e ver para onde vai o varejo. E novidades não faltam: a integração on-line/off-line, o crescimento das novas gerações (muito mais tecnológicas), a revolução 3D, o impacto das redes sociais, a sustentabilidade, tudo isso já impacta de alguma forma o varejo, mas com certeza terá um impacto ainda mais forte nos próximos anos.

Veremos novos formatos de loja e novos conceitos que aproveitam essas tendências, traduzem as tendências em modelos de varejo que atraem os consumidores e que atendem a necessidades que os consumidores, muitas vezes, nem sabem que têm. Quem imaginaria, há 15 anos, o impacto que os smartphones teriam sobre as decisões de compra e os modelos de consumo? Quem pode prever, com precisão, como a Internet das Coisas mudará a maneira como os clientes interagem com os produtos? O futuro é incerto, e isso é lindo, porque abre novas oportunidades e possibilidades para o varejo.

1 - O BRASIL, O VAREJO E O "NOVO NORMAL" DA ECONOMIA

Foi em um evento em Campinas, promovido pela ACIC, que escutei pela primeira vez o termo "novo normal". Alejandro Padron, executivo da IBM, foi quem o disse para a plateia, durante o painel de Tecnologia e Inovação do qual participávamos.

Confesso que não havia pensado dessa maneira, mas o varejo precisa encontrar sua nova realidade, seu "novo normal".

Sempre fui um grande crítico do atual governo e, embora o Brasil tenha apresentado boas taxas de crescimento nos últimos anos, a hipótese de que todo o consumo no Brasil estava sendo fomentado e não criado se fez valer como tese nos últimos dois anos, fruto de um planejamento econômico mal-orquestrado e que não se sustentaria por muito tempo. Deu no que deu. Ruiu.

Quando falamos em crise, falamos em saudade de um varejo que crescia acima de dois dígitos. Sinto informar ao amigo varejista: por um bom tempo, ou até que seja criado um consumo estruturado em boas práticas econômicas e trabalhistas, o que teremos é o que estamos vivendo. Parafraseando o bordão popular, o que teremos "é o que temos pra hoje".

O consumo não parou, só está procurando alternativas. Em alguns casos, alguns tíquetes médios cairão, algumas marcas deixarão de vender, mas outras sairão mais fortalecidas de tudo isso. O segredo para sobreviver está em algo que praticamente todos os especialistas pregavam: você precisa ser mais do que preço, precisa ter algo a oferecer ao seu cliente. Tem que ter um diferencial.

Infelizmente boa parte do mercado, mesmo sabendo o que deveria ser feito, não fez a lição de casa. Talvez apoiados pelos bons resultados, que ocultam a real necessidade de se reinventar a todo momento, de ser dinâmico. Em algum momento, pensamos que poderíamos nos acalmar e apenas desfrutar de um crescimento contínuo por um bom tempo.

O novo normal está aí. As marcas que aproveitaram os momentos passados para aprender e, por que não dizer, apreender os conceitos positivos agora irão colher frutos mesmo em um mercado desaquecido. Para aqueles que apenas aproveitaram o momento para se acomodar, talvez os próximos meses sejam uma das últimas oportunidades de não perder o negócio de vez ou tornar o processo de transformação da empresa complexo demais.

Não dá para também deixar de pensar em novas oportunidades trazidas pela crise ou pelo mercado desaquecido, que busca substitutos para o consumo de outros tempos. Tal como diz o velho e já batido ditado: há aqueles que choram, há aqueles que vendem lenços.

2 - O RENASCIMENTO DAS LOJAS FÍSICAS

Depois de um período em que se cogitava a possibilidade das vendas pela internet reduzirem a loja física a meros showrooms, ficou claro mais recentemente que o varejo físico continua sendo foco dos consumidores, principalmente como instrumento de valorização da marca e possibilidade de maiores compras.

Hoje, mais de 95% das compras realizadas on-line acontecem em lojas que também possuem lojas físicas.

Ainda de acordo com pesquisas divulgadas nos Estados Unidos, 75% das pessoas preferem comprar em lojas físicas e acabam comprando até seis vezes mais do que se comparados aos tíquetes médios das lojas on-line. Talvez motivados por ofertas e produtos oferecidos para compra de impulso, bem como pela influência dos vendedores, que têm seu papel mais relevante do que nunca, mas agora como consultores de chão de loja e não somente batedores de metas de vendas.

Se existe uma nova oportunidade e o consumidor está retornando ao varejo físico, porém, isso não significa que não haja lições que devem ser entendidas e corrigidas para que o consumidor não se atente a algum outro canal de compras no futuro.

Se qualquer site hoje obtém facilmente, e praticamente em tempo real, informações como quantas pessoas acessaram o site, quais páginas são visitadas e quais os produtos mais buscados, entre outras, no varejo físico a maioria dos dados não apresenta o presente, mas somente o passado dos resultados, com uma gestão em tempos tão longos que uma promoção criada para a loja física só consegue avaliar o resultado de vendas ao final do dia e precisa esperar uma possível reunião semanal da empresa para a demonstração e discussão dos resultados para a tomada de decisão. Tanto tempo que o consumidor talvez até tenha esquecido que fez a compra.

No caso do on-line, uma promoção que durante o dia não esteja apresentando os resultados esperados pode ser trabalhada de maneira imediata, para que entregue os resultados esperados no período da tarde.

O varejo nunca precisou de tecnologia para sobreviver. Prova disso são os milhares de lojas e pequenos estabelecimentos comerciais espalhados fora dos grandes centros que contam apenas com um balcão e uma máquina para registro das vendas. Talvez existam ainda algumas com caixa registradora. Pode parecer até vintage, mas é old school mesmo.

Não é possível uma marca crescer e expandir seus resultados sem tecnologia. Não há como obter a mesma velocidade de análise, comparação e ação apresentada pelos canais digitais. Sem análise, o que temos somente é a venda do final do dia registrada. Passado, sem possibilidade de ação, rezando para que dias melhores venham se as vendas estiverem abaixo do esperado.

Cabe aos varejistas, que até hoje foram passivos em novas soluções, tomar novas atitudes e respirar novos ares, pois o futuro já não só é presente como é quase passado.

Para quem deseja crescer, a hora da mudança é já!

3 - FORMATOS DE LOJAS POSTOS EM XEQUE

Se analisarmos a história dos pontos de venda, veremos que nos últimos anos tivemos uma potencialização das marcas através do espaço, com a aplicação e uso de áreas cada vez maiores e com maior mix de produtos, criando uma importante relação entre o valor e importância da marca e o tamanho do ponto de venda que possuía. Megastores, hipermercados e home centers exemplificam esse conceito.

Se existe algo que vem sendo abertamente discutido é se ainda temos espaço para este tipo de hiper ou mega formato de loja.

Pelos princípios econômicos, está cada dia mais difícil conseguir grandes espaços nos grandes centros urbanos. A forte presença dos concorrentes, bem como a adoção de formatos maiores por diversos segmentos do mercado, como alimentos, automóveis ou até mesmo pelo varejo de móveis, fez com que os espaços se tornassem cada vez mais raros ou então demasiadamente caros.

Redes como o Grupo Pão de Açúcar passaram a adotar, a partir do final da década de 90, posturas diferenciadas para suas bandeiras, adotando bandeiras diferentes onde não fosse possível a instalação de hipermercados, seja pela questão de fluxo, perfil de consumo ou até mesmo por faltar espaço disponível, uma questão que já começava a aparecer. Na onda dessa tendência, até mesmo redes de segmentos diferentes, como home centers, lançaram versões compactas de suas lojas.

Entretanto, mais do que uma questão de caráter imobiliário, ao mesmo tempo em que ficavam mais raros e caros os espaços comerciais, a sociedade estava mudando. Isso fez com que surgisse um novo tipo de consumidor.

Sem tempo para decisões como escolher um par de tênis entre centenas de opções, esse consumidor faz questão de buscar lojas ou pontos de venda que saibam atendê-lo (e que, de preferência, conheçam seus hábitos) de maneira prática e rápida, vendendo soluções e não produtos.

Grosso modo, podemos também compreender que o consumidor não entende algumas megastores como especialistas em algum tipo de produto, e sim como generalistas, oferecendo cada vez mais de tudo um pouco. Assim, quando em busca de algo muito específico, o consumidor tende a ir a uma loja especializada, menor no formato, utilizando as megastores ou hipervarejos apenas para parâmetros ou comparação de preços.

É cedo determinar para que caminhos estamos indo, uma vez que no varejo nada é sempre certo e o cenário se altera constantemente, mas é preciso avaliar as reais necessidades de espaços colossais, frente a bons e ideais pontos de venda.

4 - MULTICANAL, OMNICHANNEL, FIGITAL: PARA ONDE CAMINHA O VAREJO?

Todos os anos, um novo termo parece guiar o caminho do varejo. Para muita gente, muitos desses termos parecem mais uma oportunidade para que consultores e empresas tenham uma matéria ou produto quente para venda do que uma evolução propriamente dita.

Não consigo enxergar a evolução do varejo em etapas. Acredito que, entre empresas que buscam a vanguarda e a excelência em seus negócios e empresas de postura passiva e que só mudam seus hábitos ou quando todos já mudaram ou, pior ainda, quando já não há mais oportunidade para uma guinada nos negócios, vivemos uma grande nuvem, uma grande neblina... Gente despontando como farol e guiando uma série de outras empresas, e gente tropeçando em seus próprios passos, sem saber para onde rumar.

E não falo somente em tecnologias ou processos, mas também em temas como liderança, governança e capitalismo consciente, entre outros. Quando, porém, analisamos a questão da tecnologia, é fato que a cada novo ano as tecnologias parecem evoluir com mais velocidade, e a inovação e a novidade surgem em períodos cada vez mais curtos. Para as pessoas à frente de áreas como TI é cada vez mais difícil investir em uma nova tecnologia, ora pelos custos mais altos de se apostar em algo novo, ora pelo receio de que o novo dure muito pouco e seja rapidamente substituído.

Pense em produtos como GPSs, netbooks, câmeras digitais pessoais ou até mesmo tablets, que vêm apresentando uma queda cada vez maior nas vendas no exterior. Cada vez mais fundidos com outros objetos ou soluções, ou substituídos por outras tecnologias. Quem apostou na compra de um aparelho como esses, mesmo como consumidor, hoje vê os atuais smartphones como uma ferramenta que substitui completamente aqueles aparelhos. Algumas dessas soluções chegam ao início da queda em sua curva de consumo num período cada vez menor, entre dois e três anos.

Recentemente, durante a conferência de Davos, o presidente do Google causou um verdadeiro alvoroço ao comentar que não acreditava na continuidade da internet. Para ele, a internet como conhecemos hoje está fadada a não existir mais. A internet se tornaria algo tão simples, disponível e necessário quanto o próprio ar, no meio de tudo o que fazemos, pensamos e criamos. Num mundo em que estamos discutindo o papel da "Internet das Coisas", ou IoT (Internet of Things), esse seria o ápice até agora imaginado. Seria?

Quando vemos o que aconteceu com o varejo nos últimos 10 ou 20 anos, não tem como determinar de fato até onde iremos chegar. Se uma marca precisava apenas do ponto físico para vender, a entrada da internet, entre outras questões, iniciou um processo de abertura de canais, fazendo com que o varejo precisasse estar "onde o cliente estivesse", mas pensando sempre em cada canal como uma nova unidade, um novo negócio. Nessa época, era comum termos um gerente que cuidava somente de um e-commerce, por vezes trabalhando de forma tão independente de uma rede de lojas que possuía até mesmo estoque próprio.

Com o avanço da estratégica multicanal e a maturação do consumidor em outros canais, veio a necessidade de começar a pensar de forma cada vez mais estratégica, buscando unificar a experiência e o delivery ao consumidor. Perguntas começaram a rondar a mente dos clientes:

• Se posso ter esse preço no e-commerce, por que não posso no varejo físico, na loja da mesma marca?

• Se posso receber mais rápido quando compro na loja, por que não posso comprar e receber no mesmo tempo na loja on-line?

• Posso comprar on-line e pegar na loja?

• Posso comprar em uma loja e retirar o produto em outra? Estava aí criado o cenário do tal do omnichannel. Os canais estavam se fundindo de forma jamais vista, o que necessitava de estratégias e táticas inéditas e diferenciadas para cativar o consumidor e manter as empresas na vanguarda.

Avançando novamente, nada mudou tão drasticamente diante desse cenário. Se hoje estamos verificando um novo interesse nas lojas físicas, que voltaram a ser o foco das atenções, isso se dá pelo fato de que elas exercem um papel muito mais fácil na entrega de experiências e por consequência valia (awareness) da marca do que os canais digitais. Mas, uma vez que estamos mais conectados do que nunca, os canais se complementam também como nunca. E para as novas gerações de consumidores que estão surgindo e não acompa-nharam todos esses processos, ou eram muito novos para entender o que se passava nesses últimos anos, não há mais sentido existir um termo como esse da estratégia, o omnichannel. O termo que enterrou o omnichannel chama-se Phygital, a união perfeita do physical (físico, de varejo físico) com o digital. Em português ao pé da letra, poderíamos chamar de Figital.

Não há mais sentido em entender de forma separada os universos e expressões da marca nos diferentes meios. Se algum dia surgir algo que não seja digital ou físico, seja neural, etéreo ou de qualquer outro meio, já deverá entregar a estratégia de uma maneira única, e não isolada.

O consumidor é um só e enxerga a marca da mesma maneira.

Minha dica para quem está começando hoje: comece simples, com mix diferenciado e busque entrar no que ainda podemos chamar de "canais" aos poucos, buscando atender às expectativas de relacionamento dos seus consumidores com sua marca gradualmente. Uma má impressão ou atendimento em um novo canal pode ruir sua marca por completo, independentemente do nível de satisfação que você tenha nos demais canais.

5 - PODE O *MERCHANDISING* UM DIA MORRER?

Merchandising é um assunto ainda novo no varejo brasileiro. Se no topo da pirâmide do mercado, onde se encontram não somente os maiores varejistas, mas também os maiores fornecedores, esse já é um assunto consolidado, bem-trabalhado, por vezes até premiado em concursos, quando falamos em pequenas cidades, pequenos varejistas e empreendedores de regiões distantes de grandes centros, a realidade é outra. O balcão ainda prevalece na maioria dos negócios e o que importa não é a exposição dos produtos, e sim a simpatia e o bom atendimento do vendedor ou proprietário.

Algumas questões que vêm sendo apresentadas nos

últimos tempos, principalmente referentes a tecnologias que buscam maximizar não somente a experiência dos consumidores, mas principalmente a operação dos varejistas, me faz pensar se um dia o merchandising, tal como o conhecemos hoje, irá morrer.

Duas questões chamaram muito a atenção nos últimos anos: a primeira foi a bem-sucedida implantação de um sistema de compras por meio de QR Code em uma das bandeiras operadas pela Tesco na Coreia do Sul, onde os consumidores têm a opção de comprar os produtos da marca em uma estação de metrô, utilizando um painel onde estão expostos os produtos, utilizando aplicativos e dispositivos móveis. A experiência deu tão certo que foi repetida em todo o mundo por diversos varejistas, que procuraram identificar se esse modelo funcionaria para eles.

A segunda questão se refere aos processos. O mundo caminha para uma otimização dos processos de exposição, organização e reposição de produtos pelo uso de tecnologias analíticas de vídeo que permitem, em integração com os sistemas de gestão, não somente perceber quais mercadorias estão faltando em uma determinada gôndola, mas também identificar produtos colocados de maneira errada ou em local equivocado, até mesmo providenciando a compra ou requisição de um novo pedido ao fornecedor.

Ao repositor, cabe apenas a simples tarefa de tirar a mercadoria do estoque e colocá-la na gôndola. Pelo menos por enquanto. Num modelo de ponto-de-venda no qual os produtos estejam estampados e disponíveis por meio de um código de barras, e não mais fisicamente expostos, como no caso da Tesco, nem mesmo a reposição é mais válida.

Em meio a tantas discussões entre o varejo físico e o virtual, omnicanais e outras tendências, o ponto de venda físico não morrerá. Mas será que haverá um dia uma loja 100% automatizada? Uma loja onde entramos, escolhemos o que queremos através de um código e robôs ou processos automatizados entregarão nossas compras em esteiras, já devidamente embaladas e prontas para serem levadas? Nesse novo mundo, qual seria o papel do merchandising? Estaria ele não mais nas equipes de chão, mas sim nas equipes de design e agências na criação da loja?

O fato é que no mundo atual, com tantas tecnologias trazendo novidades em períodos cada vez mais curtos, estamos numa estrada que nos leva a um caminho cujo destino final não sabemos. Dessa forma, o melhor que temos a fazer é aproveitar a vista.

6 - PONTO DE CONTATO

O varejo não é mais ponto de venda. É ponto de contato. Deixou de ser PDV para ser PDC.

Há tempos que estamos assistindo a uma revolução no varejo. Não é possível falar em varejo nos grandes centros sem falarmos de experiência de compra. Ainda é possível apenas "vender", sem se preocupar com a experiência (e existe muita gente ainda fazendo isso!), mas não é possível pensar grande e crescer estando na inércia da falta de inovação e conexão com seu público consumidor.

Não sobreviverá por muito tempo quem tiver apenas o melhor preço. Como estratégia inicial, pode até ser que funcione durante algum tempo, porém corre-se o risco de, repentinamente, aparecer alguém mais barato que você e "babau", lá se foi sua estratégia. Mesmo na guerra de preços de regiões como a 25 de Março, em São Paulo ou o Saara, no Rio de Janeiro, os consumidores estão buscando mais do que apenas preços em suas compras. Se para o consumidor economizar ainda é importante, a possibilidade de comprar em um local diferenciado ou único é muito mais atrativa.

Parafraseando um amigo meu, o Fred Rocha, do Varejo 1: "Tem só preço a oferecer quem não tem nada a oferecer".

Também sabemos que hoje, entretanto, focar toda a estratégia em algo novo pode ser um risco se for encarada como uma ação de longo prazo. É certo que um produto hoje pode ser hype, trendy, moda ou qualquer outra definição que represente o interesse do momento, mas e depois disso? E quando deixarmos de ser atrativos? Como sobreviver?

Pegue como exemplo o mercado de franquias. No ramo de alimentação, depois de uma onda de marcas de "iogurtes do tipo frozen", agora estamos vivendo a invasão das "paletas mexicanas", com dezenas de novas marcas. É certo que o produto é novidade e há grande interesse, mas não há espaço no longo prazo para tantas novas marcas. Nesse caso específico, também me pergunto o que será dessas marcas quando chegar o próximo outono.

De fato, só sobreviverá quem oferecer algo realmente "distinto" e que de fato conquiste o consumidor como marca.

O varejo hoje é experiência pura. Uma boa experiência, uma boa impressão causada no cliente, é essencial para que ele continue a frequentar sua loja e consumir sua marca.

O varejista deve parar de se considerar apenas um simples espaço e passar a se entender como um conceito de marca. Porque marca não é só "grife" ou o nome que vai escrito na etiqueta. Se entender como marca é para qualquer varejista, de qualquer porte ou ramo.

Quer se entender como marca? Pergunte-se a si mesmo: quem é você e por que você compraria em sua loja? Se a resposta demorar para surgir ou não for tão clara, se os motivos de existir não estiverem fortemente estabelecidos, está na hora de pensar em se reposicionar ou se reinventar.

7 - VAREJO 3.0: ESTAMOS PRONTOS?

As transformações do varejo mundial permitem dizer que estamos já caminhando para uma espécie de Varejo

3.0, que tem como principal característica a convergência ou fusão total de todos os canais da empresa, sejam eles físicos, virtuais, móveis ou de qualquer outra maneira que se apresentem ao consumidor. Na cabeça do consumidor de hoje, a marca é uma só.

Não importa se você compra na loja on-line e retira o produto na loja física ou se a loja física lhe dá um desconto via celular toda vez que você adquire uma nova mercadoria: se a compra pode ser complementada no varejo físico através de uma compra on-line, tudo está integrado. Não há mais espaço para empresas que têm imagens, posicionamentos e até mesmo preços diferentes em seus canais. Mais do que não entender, o consumidor não deseja isso.

Nesse cenário, entretanto, é preciso estar sempre atento e buscar o básico no ponto de venda. Analisando o Brasil e o varejo de grande escala, saindo das grandes cidades, ainda estamos muito longe de um varejo conectado (o Varejo 2.0), quanto mais um varejo sinérgico com todos os meios digitais e sociais hoje tão presentes em nossa cultura de consumo.

O grande varejo brasileiro, aquele varejo pulverizado difícil de catalogar e mensurar que todo mundo conhece e que compõe o grande número de todos os segmentos, vive ainda, em sua maioria, a cultura de balcão, uma cultura que pouco avançou, não por conta de uma ineficiência ou falta de perspectiva do varejista, mas simplesmente porque seu consumidor ainda assim deseja que permaneça, e por um bom tempo.

Mesmo nos grandes centros, mesmo em redes de grande porte, há ainda muita lição de casa a fazer. Há questões que preocupam muito mais os consumidores do que finalizar sua compra através de tablets ou etiquetas de RFID com caixas de autosserviço. Estamos falando de atender bem, vender bem e tantas outras coisas com que no dia a dia nos deparamos e nos surpreendemos. O incomum hoje é encontrar um bom atendimento, quando deveria ser exatamente o oposto.

Proponho um desafio: quem se habilita a ter o melhor atendimento do País? Quem se habilita a realmente vender bem e não apenas vender muito (uma coisa irá gerar outra, com certeza, mas o contrário nunca funciona da mesma forma)? Quem se habilita a, em vez de dizer que tem o melhor ou menor preço, comprar a briga de ter o melhor atendimento?

8 - TENDÊNCIAS E O QUE REALMENTE VALE A PENA PARA VOCÊ

De tempos em tempos, somos abarrotados de novas tendências de consumo. Mesmo falando de tendências, ou seja, algo que vem lentamente caminhando para uma direção, há sempre novos termos, novas fórmulas, tecnologias ou novidades em geral colocadas no nosso caminho, nos forçando a repensar todo o negócio.

Tendências são como a moda: você pode adotar o que todo mundo está falando ou utilizando, mas, no final, o que mais importa é buscar algo que sirva ou melhor se adapte exclusivamente para você e seu estilo, como no caso, seu negócio.

Mesmo que nos próximos anos o futuro seja algo ainda difícil de se desenhar ou de se pensar, tal como uma ruptura de todos os padrões que hoje conhecemos, por mais que os hábitos de consumo sejam alterados, seja pelo avanço de novas tecnologias (que abrem novas possibilidades de contato e comunicação), seja por questões sociais, novos comportamentos ou novos mercados, na grande massa do varejo não acredito em uma mudança de impacto tão brusca.

Sim, daqui a 10, 15 anos ou quem sabe mais, ainda vão existir mercearias, padarias, açougues e uma porção de outras "lojinhas", muitas delas ainda da mesma maneira como encontramos hoje.

Em minha opinião, a única coisa que não tem abalado os bons comerciantes desde os tempos do "guaraná com rolha", como diria minha saudosa vovó, ainda é a EXPERIÊNCIA DE COMPRA.

Esse é um dos mais importantes focos que o varejista deve ter nos dias de hoje: só vai sobreviver, seja por conta da crise ou até mesmo por conta dos próximos avanços ou evoluções de negócios que ainda irão surgir, aqueles que souberem criar boas experiências aos seus consumidores.

Mesmo em modelos que hoje empregam uma disruptura total de processos, o que está em jogo é a tecnologia ou a experiência de compra?

Quando falamos no Uber, por exemplo, o que fez a fama do aplicativo foi chamar um táxi pelo celular ou foi o serviço prestado, como o carro, o ar-condicionado, o uniforme, a água gelada ou as balinhas servidas? Se fosse pela tecnologia, outras empresas ligadas aos táxis tradicionais já não o estavam fazendo? Não vejo um comentário a favor do Uber que não esteja relacionada ao serviço diferenciado.

Quando pensamos em Netflix, chama a atenção toda a tecnologia envolvida ou a experiência de se assistir o que você quer no horário que melhor se adapte a seu tempo disponível?

A gente fala de tecnologia como uma grande evolução de processos, mas ADORAMOS ir a cidades menores ou turísticas e poder viver a experiência de outros tempos, de outras culturas. Aceitar um cartão de crédito ou quem sabe o pagamento de um produto ou serviço via celular pode ser uma boa, mas não se deve alterar o todo, a essência do negócio e da experiência, abrindo mão da autenticidade de seu negócio. O problema da tecnologia é que ela homogeneiza as experiências de compra. Já cansei de ver lojas conceitos com o mesmo padrão da Apple, que, a meu ver, já precisam de outra linguagem. Estão ficando velhas para o público novo.

Esse é outro problema quando se persegue a tendência e que possui total relação com o conceito de moda. É sempre mais caro estar antenado. Cabe a pergunta: vale a pena a vanguarda? Se as contas fecham no final do mês, com certeza. Mas prefiro o caminho da autenticidade.

Onde deve estar seu foco? Na experiência de compra, baseando não somente naquilo que você vende, mas em todo tipo de serviço que seja tangível ao processo de compra de seu cliente.

Há hoje uma série de novos caminhos, desde uma fusão dos canais digitais e físicos, em que os dispositivos mobile são o principal elo entre a marca e o consumidor, passando por revoluções que novas tecnologias como a realidade virtual ou a impressão 3D ainda vão impactar no varejo.

Mas "tudo" isso impacta realmente "todo mundo"?

Com certeza não. Vão sempre existir os líderes de opinião no mercado, termo empregado há anos nos estudos de marketing, que sempre vão buscar o novo, o "disruptivo" – e que hoje esse papel está sendo concedido aos millennials, mas que também já foi papel de outras gerações. Embora sempre haja novidades, o que importa é que sempre vai haver gente nova interessada.

Mesmo assim, esse público ainda representa apenas um "retrato" no gigantesco álbum de consumidores que temos por aí, principalmente em um país como o Brasil, onde cada estado ou por vezes regiões menores ainda têm características ímpares de comportamento e compra.

Com certeza você já escutou que "sua empresa tem que estar adaptada ao seu público consumidor", e essa é a lição mais simples dos novos tempos. Não dá mais para empurrar o que se quer, mas se de uma maneira podemos oferecer o que o consumidor quer, também podemos observar e buscar ser autênticos, criando novos modelos, novos produtos e serviços, e SEMPRE pensando na experiência de compra.

Não é fácil acompanhar o mercado, também não é fácil decidir se o novo ainda será útil daqui a dois ou três anos. Pense com calma, espere as coisas amadurecerem, mas não seja o último a entrar no barco!

9 - A GERAÇÃO YZ E O VAREJO

Nos estudos sobre o comportamento do consumidor, muito se diz sobre o impacto que a geração Y já vem apresentando sobre a maneira como atendemos ou vendemos na loja física. A geração Y, definida como as pessoas nascidas entre o final dos anos 70 e os 80, e sucedida pela geração Z, com os nascidos a partir dos anos

90, viveu grandes revoluções tecnológicas e hoje é muito mais informatizada e informada que qualquer geração anterior, sendo acostumada desde cedo a uma sociedade em que o volume de informação é cada vez maior e mais difícil de acompanhar.

Um bom exemplo do impacto dessas novas gerações é o modo como a informação nas redes sociais mudou nos últimos tempos. Se antes as redes eram vistas apenas como uma oportunidade, hoje é sinônimo de monitorar e se defender do que possivelmente estejam falando sobre sua marca.

As mudanças tecnológicas mudaram radicalmente os processos de compra. Um exemplo desse novo modelo de comportamento é o caso do jovem comprando um novo modelo de tênis. Por mais que tenha visto um anúncio interessante, entrado em sua loja e até mesmo testado e aprovado o produto, por muitas vezes opta por não comprar naquele momento. Mas por quê?

Sabendo que o produto em si não vai mudar, e que testou e aprovou o produto, corre para a internet para pesquisar e encontrar o menor preço. Como mudar essa situação? Uma maneira é criar a chamada "sensação de oportunidade única". Um preço ou promoção que dure pouco tempo e que tenha caráter de "imperdível" pode ser uma boa alternativa.

Outra maneira, mais duradoura, é envolvendo-se e buscando envolver seus clientes. Quanto maior o envolvimento ou a satisfação na experiência de compra, melhor para o seu resultado de vendas. Busque criar ambientes de venda interativos adequados ao lifestyle de seu cliente.

10 - COMO AS NOVAS GERAÇÕES IMPACTAM NO SEU MODELO DE NEGÓCIO

O varejo tem presenciado uma nova leva de ideias. É cada vez mais constante a presença de varejistas mais jovens, sangue novo dentro do chão da loja, dispostos a mudar radicalmente a maneira de conduzir os negócios.

Não importa o tipo de segmento que estamos falando, vejo que os pais e avós, muitas vezes fundadores dos negócios, são completamente relutantes às mudanças propostas. Para que mudar o que deu certo até hoje, se até hoje garantiu o sustento de toda a família? Mudar, reformar e ampliar não seria um risco?

O grande embate que essas gerações enfrentam é exatamente contra a nova geração. Se a antiga geração muitas vezes iniciou os negócios da família sem nenhum tipo de estudo ou ambição, os mais jovens, retornando de faculdades, cursos de pós-graduação e viagens ao exterior, voltam à empresa dispostos a mudar tudo, cientes de que os negócios poderiam progredir muito mais se todos arriscassem e inovassem mais.

Acredito que de cada dez clientes que buscam um escritório de varejo para uma reformulação, em pelo menos 80% das decisões de mudança existe a visão da nova geração. Apesar disso, 100% das decisões são aprovadas em família, e os medos e a insegurança de boa parte dessas gerações mais velhas impedem o progresso que novas diretrizes poderiam ou não trazer (sim, porque em alguns casos, mudanças radicais e mal planejadas podem REALMENTE destruir um negócio com anos de tradição).

Acostumados a um ritmo que havia anteriormente, no qual o abrir-vender-fechar-a-loja era quase que uma rotina, a velocidade de informação trazida por novas tecnologias, como a internet, e o uso de ferramentas cada vez mais competitivas e agressivas de marketing fazem com que empresas que não acompanham esse novo ritmo estejam perdendo vendas e clientes com intensidade a cada dia.

A inércia é a inimiga do sucesso quando falamos de varejo (boa frase essa, não? Pode usar em sua reunião, mas não esqueça de me dar os créditos).

Acompanhando o ritmo do abre e fecha da loja, hoje os varejistas têm de conviver com uma linha paralela, a da velocidade da informação. E esse é um mal irreversível. Contar com o passado dos negócios, que sempre foram bem, imaginando que esse passado seja a garantia de um futuro próspero, é contar com a inércia, é abster-se de um mundo no qual a informação anda cada vez mais depressa. Cuidado para não ficar para trás.

11 - A NOVA REVOLUÇÃO SERÁ EM 3D: MENOS BITS, MAIS ÁTOMOS.

Eu confesso que não encarava com seriedade a revolução que a impressão 3D está causando no mundo e como ela poderia afetar o mundo do varejo num futuro muito próximo.

A oportunidade de conhecer uma das lojas da Makerbot, em Nova York, aguçou minha curiosidade pelo assunto, que até então eu encarava como um brinquedo ou produto capaz de fazer outros produtos.

Talvez algo muito mais interessante para geeks, artistas e designers do que para o público em geral.

A discussão sobre o tema nos Estados Unidos pode ser vista no excelente documentário Print the Legend, produzido pela Netflix, que apresenta as principais empresas do segmento e seus posicionamentos de mercado, e conta uma breve história desse mercado. O documentário, que começa em uma disputa entre grandes empresas e pequenos e sonhadores desenvolvedores (*yet-to-be competitors*), cobre em um curto espaço de tempo as profundas transformações pelas quais essas empresas estão passando internamente.

Voltando à discussão do tema, se pensarmos em objetos comuns e na replicação deles em impressoras 3D mais simples, voltadas ao consumidor normal (pois também existe a produção industrial, voltada a segmentos como a indústria aérea e automobilística), a maioria dos produtos impressos finais hoje é confeccionada em plástico ou resina e sua velocidade de produção atual deixa a desejar se comparada à produção em escala de qualquer produto plástico.

Para efeito de comparação, um globo terrestre com cerca de 50cm de diâmetro leva cerca de 50 horas para ser produzido, algo que talvez desanime os mais ansiosos em criar uma coleção própria de peças de montar em casa para brincar.

Se pensarmos, porém, nas possibilidades de produção de objetos customizados ou 100% anatomicamente modelados ou adaptados ao seu comprador, é de fato uma ideia interessante, como para a produção de próteses, móveis e até mesmo roupas e acessórios. Imagine criar um par de óculos que se encaixe 100% em seu rosto. Um bom exemplo disso é o trabalho que o pessoal da Normal tem desenvolvido produzindo headphones moldados ao recorte da orelha do usuário, com encaixe e isolamento sonoro perfeitos.

Assim como as soluções atuais de impressão 3D já são de grande valia para a produção de mocapes de produtos, como maquetes e estudos de arquitetura, que saem da virtualidade de projetos renderizados no computador para o trabalho impecável e de melhor custo de uma impressão 3D. O fato é que a impressão 3D vem crescendo e se desenvolvendo numa velocidade espantosa. A partir de cerca de US$ 1.000,00, qualquer pessoa pode produzir praticamente tudo o que possa imaginar, o que inclusive vem criando discussões sérias sobre o tema, principalmente a respeito de dois aspectos: a produção de peças com copyright e a produção de armas. Pistolas produzidas 100% em material plástico e capazes de disparar munição tradicional já são realidade, o que representa um risco para a segurança de qualquer cidadão e uma oportunidade nas mãos de terroristas e pessoas mal-intencionadas, uma vez que se trata de um material de fácil desmonte e difícil identificação.

Voltando ao tema do copyright, como as empresas poderão, no futuro, se defender da ameaça de produção caseira? No caso da Lego, sua maior virtude (a simplicidade de se construir praticamente tudo através de peças de plástico) poderá também ser uma de suas maiores fraquezas no futuro?

No que se refere à impressão 3D, estamos neste momento vivendo algo parecido com o que foi a internet para os consumidores em meados da década de 90: uma tecnologia poderosa, ainda que de contato possível na época para alguns poucos curiosos, restrita a grandes empresas e experts da área, e que vislumbravam, mas de fato não tinham a mínima ideia do que ainda viria pela frente, como ela faria parte de nosso cotidiano de maneira tão sinérgica à maioria de nossas atividades.

Do mesmo modo, podemos dizer que estamos no início de algo revolucionário, e que com certeza irá ainda passar por sérias transformações, mas que veio para ficar e fazer parte do nosso cotidiano nos próximos anos, de maneira cada vez mais acessível.

Será que teremos algum player como a Amazon ou a Apple entrando nesse mercado? Imagine você em sua sala de estar assistindo a um programa de compras na televisão, ou talvez navegando em algum *e-commerce*, e, ao gostar de um produto, com um simples toque (se isso ainda for necessário no futuro – talvez só o comando de voz já seja suficiente), compra o produto.

Em vez de ele precisar ser produzido, embalado, despachado e entregue, seria produzido, renderizado ou impresso em sua casa. É possível que talvez a briga passe a ser, nesse caso, para saber quem teria a melhor relação custo x benefício de equipamento, ou talvez a melhor qualidade de acabamento ou velocidade de produção. Ou quem teria o melhor custo x benefício de matéria-prima utilizada (algo que já se discute quando falamos de impressão em papel).

Para que então serviria a loja física? Seria apenas uma questão de experiência de compra? Será que serviria apenas como showroom de experiências e talvez de cadastro de seus consumidores, lendo e gravando todas suas características físicas?

O futuro e a revolução estão aí. Já impressos.

12 - FÃS, SEGUIDORES OU SIMPLESMENTE CURTIDORES?

Nesta semana, tomava um café com um grande amigo meu e conversávamos sobre fãs, seguidores, pageviews e outras métricas para avaliar e até comparar o tamanho ou a força de mercado de sites, blogs e outros canais digitais de informação.

Em minha opinião, estamos em uma nova fase das redes sociais. Sinceramente acredito que o "mais seguidores do que os outros" já não é mais tão importante quanto possa ter sido no passado. Já se foi o tempo onde o que realmente importava era a quantidade de pessoas que seguiam ou curtiam sua página. Nos últimos anos, a cada nova rede social que surgiu, surgiram também popstars, celebridades criadas da noite para o dia por essas mídias. Aconteceu dessa maneira no começo das páginas do Facebook, aconteceu no começo do Twitter (lembram-se da disputa de famosos, como o ator Ashton Kutcher, para atingir a marca de um milhão de seguidores?), aconteceu no Instagram (que a todo dia cria uma nova celebridade – de jogadores de futebol a modelos em trajes sumários), no Pinterest e até mesmo no LinkedIn (que recentemente criou os Influencers – espécie de popstars da rede).

A exceção a tudo isso parece ser o Google Plus, em que poucos descobriram como de fato conquistar as pessoas. Pelo menos no Brasil, parece que não "engrena" de maneira nenhuma.

Quem investiu seu tempo em conquistar seu espaço no Facebook vê agora seus esforços respondendo cada vez com menos intensidade. A cada nova atualização promovida pelo senhor Zuckerberg, tem-se a surpresa de verificar que uma postagem ou comentário atinge cada vez menos pessoas, causa cada vez menos reverberação. Quer causar mais impacto? Então pague, e cada vez mais – parece que essa é a grande mensagem do momento.

O que tudo isso tem a ver com a minha marca? É fato que a maioria das marcas entrou para as redes sociais como alguém que entra em uma caverna escura, sem a mínima noção do que poderia acontecer a cada novo passo. Mesmo assim, é certo que o objetivo dessa empreitada, muito mais do que apenas "estar atualizado ou sintonizado com o mercado", era a oportunidade de conquistar mais admiração dos consumidores que já conheciam a marca, assim como contagiar, no embalo, pessoas que desconheciam a marca por completo.

Passada essa euforia inicial, as marcas passam agora a questionar o quanto de fato vale a pena contar com milhares ou milhões de seguidores em alguma rede social. Qual a possibilidade de gerar negócios ou vendas quando se ganham mais seguidores? Mais "likes" significam mais vendas, ou tudo não passa de uma valorização que impacta somente o universo de branding?

Se for possível pelo menos criar algum valor aspiracional, todos os seguidores são alvos em potencial, porém, como já é percebido por grande parte dos analistas desse segmento, embora alguém possa ter curtido sua página em algum momento, é cada vez mais difícil atrair sua atenção, e dependendo da insistência ou volume de postagens com que esse cliente seja abordado, pode-se inclusive criar uma imagem negativa.

As marcas querem realmente fãs. Pessoas que realmente não abdiquem de consumi-las em qualquer oportunidade que seja disponível. Porém, no atual cenário, o que as marcas estão colecionando são simples "curtidores".

13 - SUSTENTABILIDADE: ESTAMOS FAZENDO DIREITO?

O tema da Sustentabilidade vem sendo cada vez mais bem abordado e incorporado ao varejo, porém, em muitos casos, tem sido encarada mais como uma questão de marketing ou de valor de marca do que uma verdadeira razão para as empresas.

É indiscutível a necessidade de construirmos um melhor desenvolvimento social e ambiental, e as práticas que auxiliam nesse sentido são sempre bem-vindas. Mas será que os consumidores são de fato "verdes" ou estão preocupados com essas questões na hora de consumir ou adquirir produtos ou serviços sustentáveis?

O grande problema está no conflito entre o bem a longo prazo e o preço que se paga ao adquirir esses produtos. Muitas pessoas desistem de ser socialmente responsáveis ao ter de pagar um pouco a mais por esse tipo de produto. Acreditam que podem tirar vantagem de um preço mais baixo enquanto outros pagam mais pelo produto socialmente ou ecologicamente correto. Acabam esquecendo que, de fato, a maneira social ou ecologicamente correta de fabricar/produzir/trabalhar com esse tipo de mercadoria acaba resultando num preço maior.

Não importa o quanto as empresas se preparem ou desenvolvam produtos e serviços para um novo tipo de consumidor, realmente não parece que o consumidor já seja maduro o suficiente para esse tipo de consumo. Vejamos o mesmo exemplo sobre outra ótica: temos o Dia Mundial Sem Carro, comemorado no dia 22 de setembro. Não importa o quanto algumas poucas pessoas pensem em andar de bicicleta ou de transporte público, muitos entendem como um "excelente dia para andar de carro", uma vez que o trânsito provavelmente estará mais livre. O resultado dessa brincadeira são congestionamentos até mesmo maiores que nos dias normais. É a famosa Lei de Gérson, segundo a qual o brasileiro busca levar vantagem em tudo, acontecendo mais uma vez.

Por mais que esse cenário venha cada vez mais melhorando e o consumidor venha assumindo, cada vez mais, medidas corretas, ainda existe um perfil de malandros em nossa sociedade, em número suficiente para sabotar qualquer boa iniciativa.

Estamos entrando em uma fase de maturidade desse

tipo de produto e serviço. O que vem dando certo no mercado são opções que, além de sociais ou ecologicamente corretas, acabam trazendo economia ao consumidor. Exemplos são as lâmpadas econômicas e as bacias sanitárias com acionamento econômico. Além de preservar, trazem economia ao consumidor. Quando o impacto está diretamente ligado ao bolso, com redução de custos praticamente imediata, a vantagem se mostra mais interessante e o produto acaba por possuir uma melhor aceitação pelo mercado.

Em visitas a algumas lojas "ecologicamente corretas" de São Paulo, de diversos segmentos, aproveitando para conversar com os gerentes, vemos que já existem consumidores que saem de casa dispostos a comprar em uma loja que oferece produtos ecologicamente corretos. O que antes só parecia uma tendência ou um investimento, a cada dia mais se mostra uma característica de comportamento. Estamos longe de um perfil concreto, mas estamos no caminho certo.

14 - VAREJO: TEMPO ENCERRADO

Uma série de fatores está influenciando como nunca o modelo tradicional de negócio do varejo e, na prática, é hora de acordar. Muitos empreendedores ainda entendem que a somatória de fatores como bom local, bom preço e bom produto pode ser a chave para um negócio de sucesso. Não é mais.

Relendo textos de consultores ou experts de varejo dos últimos cinco anos, o discurso de todos ainda soa muito atual. Estão lá conceitos como posicionamento, produtividade, treinamento e até mesmo causa. Tenho certeza de que, se você lê ou acompanha artigos ou sites do mercado, já se deparou com esses termos inúmeras vezes.

E esses termos ainda soam como atuais, não porque não tenha havido novidade, mas porque o varejo não soube ainda fazer a "lição de casa". Em suma, o varejista brasileiro ainda espera o último minuto para tomar atitudes e mudar de postura. São muitos os que esperam: "Deixe que a concorrência quebre a cara e teste tudo. Eu entro depois".

Ao mesmo tempo, a grande massa do varejo físico composta por pequenos empreendedores pouco inova, adotando o modelo de complexo de vira-lata, em que o jargão "isso é coisa para grandes marcas, grandes players" soa como um mantra. De fato, é no campo do e-commerce, onde tudo ainda é novo e aberto a novas propostas, que tem saindo novos modelos e novas propostas de negócios. E o varejo físico, a lojinha do bairro, vai ficando para trás. Quando um modelo de negócios como o Uber, o Airbnb ou o Alibaba irá impactar na maneira como compramos no varejo? Você já está se preparando para isso?

O modelo de intermediário como um entreposto entre quem fabrica e quem quer comprar ainda não está com os dias contados, mas é fato que veremos formatos como o atacarejo, indústrias com canais próprios de varejo ou até mesmo os novos modelos de outlets, a cada dia comendo um pouco mais da fatia de mercado do intermediário.

E como sobreviver a isso? Um modelo em crise em meio a um cenário de crise? É daí que vem o título desse artigo. Tempo esgotado significa que não há mais tempo para adiar decisões. Usando uma metáfora bastante conhecida, se sua marca é um barco, está na hora de ajustar as velas, pois os ventos mudaram.

O mercado não irá retomar seu crescimento no médio prazo. Como escutei de um executivo de uma grande marca de franquias: "só irá sobreviver quem tiver uma história para contar". Posicionamento, atender o seu nicho de mercado, investir em tecnologias atrás de mais produtividade, criar e treinar uma equipe vencedora, todas as alternativas foram dadas e estão sobrevivendo aquelas que no passado tomaram a iniciativa e começaram a desbravar as oportunidades.

Sim, porque as oportunidades, em tempos de crise, têm que ser desbravadas. Ou você ainda irá continuar esperando seu cliente na porta de sua loja?

Em uma metáfora que escutei de outro executivo, havia dois caçadores na selva, quando um leão apareceu em frente a eles. Assim que viu o leão, um dos caçadores abriu a mochila e começou a calçar um par de tênis que carregava.

Indignado, o outro caçador perguntou:

– Mas você acha que vai correr mais do que o leão com esse tênis?

– Não, mas vou correr mais do que você.

A questão não é mais o tamanho de sua empresa, é sua velocidade para criar novos caminhos, desenhar novos cenários, criar novas oportunidades. A hora é agora. Para avançar, é necessário inovar.

Sua marca ainda está parada? Tempo esgotado.

Parte 03

GESTÃO BEM-EXPLICADA

INTRODUÇÃO

No capítulo passado, vimos diversas tendências que impactarão o varejo nos próximos anos. É hora, agora, de voltar ao dia a dia do varejo. A boa gestão da loja é essencial e, nos tempos de desaquecimento da economia em 2015 e 2016, passou a ser ainda mais importante medir o que acontece na loja e entender o que leva as vendas a crescer ou a cair. Suas vendas estão crescendo porque há mais pessoas na loja? Ou porque o tíquete médio tem aumentado? Ou, ainda, porque a taxa de conversão tem aumentado?

Durante muito tempo, a gestão do varejo foi feita na base do "o olho do dono engorda o gado". Literalmente: o dono olhava para o estoque e achava lindo aquele depósito cheio. Atualmente, porém, muita gente boa já entendeu que depósito cheio é dinheiro empatado: melhor que isso é ter o estoque apenas necessário, e dos produtos corretos, para que o dinheiro rode rapidamente e o varejista não fique com estoque velho.

Em setores como eletroeletrônicos e moda, por exemplo, o estoque é, sim, perecível, mesmo que não pareça: quanto vale hoje um iPhone 4? E o vestido de um ano atrás? Muito pouco, quase nada. Saber que produto vende e quando vende, que áreas da loja aumentam as vendas e como promover melhor os produtos no PDV passa a ser essencial para fazer mais com a mesma estrutura.

A gestão do varejo é cada vez mais importante. Já não era sem tempo!

1 - CONSTRUÇÃO DE MARCAS DE VAREJO

Se o varejo no passado já foi considerado apenas um intermediário entre a indústria e o consumidor final, é fato que para sobreviver o varejo precisa, atualmente, ser muito mais do que simplesmente um local para a venda de produtos e serviços. A experiência de consumo oferecida aos clientes é, hoje, uma peça essencial para a construção de uma marca de sucesso.

Podemos dizer que o papel do varejo mudou por completo: se antes era um intermediário entre a indústria e os clientes, agora passa a ser considerado o principal ponto de contato entre as marcas e seus consumidores. Na busca por espaço no mercado, nunca se investiu tão pesado em arquitetura promocional, ambientes de vendas, displays promocionais e outras ferramentas que pudessem ganhar não somente a atenção, mas também o coração dos consumidores.

Se no passado uma grande marca era construída dia após dia por meio de boas vendas nas lojas, hoje existem casos de marcas que se tornaram fortes antes mesmo de terem lojas. É o caso de empresas como Sony, Adidas, Samsung e Apple, que desenvolveram grande valor para suas marcas antes mesmo de construírem grandes lojas e que agora refletem (ou buscam refletir) em suas lojas próprias toda a atmosfera e atributos de suas marcas. Não somente por meio da venda de produtos, mas também fortalecendo sua imagem nas mentes de seus consumidores.

Mais do que isso, há marcas que estão sabiamente trabalhando e expandindo seu mix de produtos, orientadas pela preferência e pelo lifestyle de seu público-alvo. No Brasil, um recente exemplo é a Chilli Beans, que entendeu que, mais do que óculos e relógios, poderia oferecer todo um sortimento de novos produtos, como mochilas, bonés e até mesmo bicicletas e guitarras, todas elas carregando no design não somente o DNA da marca, mas também o de seus clientes.

Do outro lado da moeda, encontramos varejistas que pouco investem em seus ambientes de vendas, decoração, atendimento e tecnologia, entre outros, e, como consequência, pouco agregam à experiência de compra de seus clientes. E a falta de visão ou de ambição de alguns varejistas não se limita somente ao pequeno varejista, ou aos varejistas das pequenas cidades: mesmo em grandes redes, é possível encontrar completo descaso com o ambiente de vendas, o que desfavorece a experiência e, gradativamente, pode reduzir as vendas. De splashes e cartazes escritos errados ou de qualquer maneira, muitas vezes utilizando canetas esferográficas das mais simples, a improvisos e expositores sujos e malcuidados, todos os itens que compõem sua loja podem contribuir ou desfavorecer a construção de sua marca.

A mensagem que fica é que, desde o primeiro momento, toda loja deve ser pensada como uma marca, não importa se estamos falando de um varejista de grande porte ou de uma loja de bairro. Não importa se estamos falando de um supermercado, de uma loja de roupas ou de uma padaria. Mais do que apenas preço, os varejistas de hoje devem buscar na essência daquilo que melhor podem oferecer: a construção de sua marca.

Grandes marcas não são formadas apenas por nome,

mas pelas características percebidas por seus clientes. Afinal de contas, por que seus clientes preferem hoje comprar em sua loja? Pense nisso.

2 - MAIS CONCORRÊNCIA AJUDA OU ATRAPALHA?

Desde que o mundo é mundo, e nasceu o comércio, a concorrência tem sido um fator de medo para todo lojista, principalmente para aqueles que ainda estão iniciando no mundo do varejo.

O maior medo de um varejista é o de que uma nova concorrência arruíne de vez seus negócios, que a clientela passe a comprar na nova loja, e suas vendas, por consequência, desabem.

Esse é um medo bobo e inocente, fruto provavelmente de mentes pouco criativas, que preferem ver o mundo parar a ter de fazê-lo girar. Estar preparado para o varejo de hoje é estar preparado para o dinamismo que ele demanda. É estar preparado para pesquisar e criar novas soluções, assim como atender a novas demandas de mercado a todo instante.

Talvez, em algum lugar mais remoto do País, um loja completamente estática ainda funcione, mas é cada vez mais difícil encontrarmos lojas e lojistas que atravessam gerações sem reformas ou mudanças de atitude.

Um medo que todo varejista de pequeno porte tem é o de que a presença de um varejo de grande porte, como um *home center* ou um hipermercado, acabe com seus negócios.

Nesse caso, há duas situações a se pensar. Na primeira delas, o seu medo é o de que um varejista de maior porte possa ter preços menores que o seu, devido ao grande poder de compra junto à indústria. Nesse ponto, ele tem total razão. Mas preço nunca deve ser seu diferencial de mercado, pois, principalmente num caso como esse, um varejista que só possui preço realmente irá ver suas vendas minguarem rapidamente.

Para sua sorte, e pelo menos por enquanto, por mais que se esforcem, já é provado que o varejista que vende e atende um grande volume de clientes dificilmente consegue manter um bom nível de qualidade de atendimento ou de serviços tão facilmente quanto um lojista de pequeno porte.

Aposte na segmentação, aposte em bons produtos focados em qualidade e na qualidade de seu atendimento, que deve ser sempre primordial. Quando seu consumidor sai de sua loja com a confiança de um bom negócio, e com a felicidade de ter sido bem atendido, é muito provável que retorne à sua loja ou, mais ainda, divulgue-a de maneira positiva.

Quanto mais diferenciados forem seus produtos e serviços, ou seja, quanto maior o valor que você cria para sua marca, menor a importância dos preços dos produtos que você comercializa.

A segunda característica é que identificamos como concorrentes somente os varejos de nosso segmento. Esse é um erro gravíssimo. Se dermos uma volta pelo seu bairro, você verá que é cada vez mais difícil encontrar um varejo que permaneça em seu segmento "essencial", ou seja, aquele relativo à sua denominação.

Temos supermercados que vendem gasolina, tintas e lâmpadas. Temos postos de combustíveis que vendem sanduíches e até refeições, lojas de materiais de construção que vendem objetos de decoração, lojas de móveis que vendem eletrodomésticos, drogarias que vendem perfumes e doces, e por aí vai, tudo de modo a conquistar cada vez mais consumidores, ampliando seu mix de produtos.

Mas, ao contrário de tudo o que se pensa por aí, toda concorrência deveria ser bem-vinda. Quando vários concorrentes de um mesmo ramo se concentram em um ponto, como em uma mesma avenida ou rua, ou até mesmo em um mesmo quarteirão, é criado o que chamamos de eixo comercial, e a consequência é que o consumidor passa a enxergar esse tipo de concentração como uma oportunidade de bons negócios, na esperança de pechinchar e conseguir boas ofertas. Na cabeça do consumidor, com tanta concorrência, os preços encontrados por lá provavelmente serão mais baixos do que em uma loja isolada em um bairro.

Mesmo entre os grandes varejistas, já pude acompanhar de perto situações em que tudo caminharia para uma redução de vendas em função de um novo concorrente, quando, na verdade, não somente as vendas não caíram, como subiram, contrariando qualquer previsão ou expectativa.

Você encontra diversas situações em que isso se prova verdadeiro. Aqui em São Paulo, imagine uma rua como a 25 de Março, um dos principais polos comerciais da cidade. Apesar de todo o frisson de compras, principalmente em datas-chave para o comércio, como o Natal, as lojas são muito simples em produtos e exposição. É a concentração de lojas e concorrentes que impulsiona as vendas. Uma loja dessas, se estivesse localizada isoladamente em um bairro, não venderia nem uma fração do que é vendido hoje.

Outra questão importante é que o eixo torna-se mais importante que as próprias lojas e, assim sendo, com um pouco de união, os gastos de publicidade e divulgação podem ser diluídos entre todos, causando uma redução gigantesca nos investimentos de promoção e propaganda.

Estar sozinho no mercado pode parecer bom no início, mas nunca fornecerá parâmetros sobre a qualidade dos serviços e produtos. Até que apareça um concorrente. Aí pode até mesmo ser tarde demais para se tomar alguma atitude.

Da próxima vez, agradeça por ter concorrentes. Ter concorrência significa que você está no caminho certo para o sucesso.

3 - INDÚSTRIA X VAREJO: QUAL O FUTURO DO NOSSO MERCADO?

No varejo, sempre houve um embate entre dois grupos: de um lado os varejistas, especialmente os que atuam em grandes formatos de loja e possuem um poder de fogo gigante na comparação com médios e pequenos; e de outro lado as indústrias.

Acuados por esse poder de fogo, que permite liderar ou influenciar mercados inteiros e exerce um grande papel na saúde e no crescimento financeiro das empresas, algumas indústrias até hoje travam grandes embates com os varejistas, buscando uma posição mais favorável ao seu desenvolvimento.

Existe uma situação em que quanto mais uma indústria vende a um varejista, mais a indústria se torna refém dele. Para uma indústria que está iniciando seu ciclo de vida, vender para um grande varejista pode ser um grande propulsor para os negócios da companhia, porém pode, caso não se tome os cuidados necessários, se tornar um grande risco.

Para poder atender às demandas de um grande varejista, muitas indústrias de médio e pequeno porte ampliam suas operações, compram máquinas e contratam funcionários, na esperança de manter uma sólida parceria com o varejo.

Mas, pressionados pela forte concorrência, cada vez maior e mais agressiva, o varejo hoje não vê outra forma de aliança que não seja preço. Não adianta ser amigo ou ser parceiro: só mantêm um clima de parceria aqueles que mantêm os melhores preços de mercado.

Vimos diversas situações em que empresas abraçam um determinado varejista, investem nele e, na hora de colher os frutos, são simplesmente trocadas por uma empresa que possa fornecer produtos mais em conta.

Apesar de focar cada vez mais na qualidade de serviços, boa parte das escolhas dos consumidores leva em conta somente o preço, e ter o melhor preço para um varejista pode ser a estratégia ideal para se manter sólido no mercado.

Se precisam de melhores preços de venda, compradores são e sempre serão forçados a comprar mais barato. Bons compradores, na visão dos varejistas, são aqueles que conseguem trazer para o chão da loja preços fantásticos ao consumidor. Bons compradores, na visão da indústria, são aqueles que compram corretamente, entendendo principalmente o valor da marca no mercado.

Entretanto, para o pequeno varejista, quase sempre não resta nada a não ser escutar: "os grandes estão nos sufocando, não há como investirmos em você no momento". Para reagir, o pequeno varejo está se aliando em cooperativas ou Centrais de Negócios. Com isso, algumas cooperativas de associados já compram melhor do que algumas lojas de grande formato. A união de médios varejistas em Centrais de Negócios também tem fortalecido as empresas e pressionado ainda mais a indústria.

Sempre fica a pergunta no ar: tem certeza que não vai vender para mim? Qual o cenário do varejo no futuro? Será que as indústrias, no rastro de empresas como Portobello, Nike e Reebok, caminharão para pontos de venda próprios, cansados de serem reféns de varejistas cada vez mais oportunistas?

Será que a indústria suportará a pressão dessas novas associações? Será que o mercado dos pequenos consegue suprir toda a necessidade das indústrias? E qual será o resultado para os varejistas, uma vez que as associações e os varejistas de grande porte começam a ter pesos semelhantes em vários setores?

Se os preços forem todos iguais, quais serão os grandes diferenciais de mercado num futuro não tão distante? Variedade? Localização? Todas essas questões merecem uma reflexão, especialmente no atual momento da economia. Se a demanda está em desaceleração, é preciso aproveitar todas as oportunidades para vender mais.

4 - FIDELIZAÇÃO X LEALDADE: VOCÊ SABE DIFERENCIAR?

Muito se fala sobre fidelização de clientes e uso de cartões fidelidade, sobre como não somente fisgar o consumidor, mas conquistá-lo de vez. Sempre se fala em fidelidade e em lealdade dos clientes, mas o que seria um cliente fiel e o que seria um cliente leal?

Basicamente se trata do mesmo cliente em duas etapas distintas.

Vamos imaginar a seguinte situação: seu cliente entra pela primeira vez em sua loja. É bem atendido, compra por um bom preço, a entrega é feita corretamente. Cria-se um cliente satisfeito. À medida que, sucessivamente, o cliente vai comprando em sua loja, e sempre mantendo o mesmo nível de satisfação, ele passa a se tornar fiel.

O cliente fiel é aquele cliente que compra em sua loja pela satisfação que o local proporciona a ele: seja pelo atendimento cordial, pelos preços atrativos, pela diversidade de produtos, ou até mesmo pela entrega rápida e confiável da loja. Ele prefere sua loja, mas apenas isso.

À medida que esse mesmo cliente vai comprando em sua loja, esse passa a ser um cliente leal. Mas o que caracteriza essa lealdade?

Até que se torne um cliente leal, desde a primeira compra até o passo final, sua loja não tem o direito de errar com o cliente. Qualquer erro levará o consumidor a desistir de sua loja.

Imagine o processo: na primeira compra, você errou na hora de entregar. Perdeu o cliente.

Seu cliente compra com você há algum tempo, mas sua loja se torna cara demais, ou muda o perfil completamente. Você pode perder o cliente.

Mesmo sendo um cliente que sempre gostou da sua loja, um vendedor mal treinado o atende de maneira incorreta ou grosseira. Perdeu o cliente.

Somente quando seu cliente se tornar um cliente leal é

que ele poderá tolerar alguma falha no processo de compra.

Mas quando meu cliente se torna leal? Quanto tempo leva, ou quantas vezes seu cliente precisa entrar em sua loja para isso? Não existe fórmula correta para isso, não existe tempo ou quantidade de visitas para determinar se seu cliente é fiel, ou leal. Alguns fatores, como a superioridade perante a concorrência ou o mix exclusivo de produtos, podem acelerar esse processo, mas não garantem a lealdade.

O ideal é que você NUNCA se dê o direito de errar com o cliente. Busque a excelência em seus serviços e atendimento, e você terá a lealdade de seus clientes.

5 - MERCHANDISING X MARKETING X PROMOÇÃO DE VENDAS

Você sabe onde se distinguem os papéis de marketing, merchandising e promoção de vendas em uma loja?

As empresas tratam esses conceitos de formas completamente diferentes: algumas dão poder e autonomia para um departamento próprio de merchandising, enquanto outras apenas incorporam o merchandising dentro dos trabalhos de marketing.

A principal diferença está em relação ao cliente. De uma maneira mais simples, podemos dizer que merchandising são técnicas, ações ou materiais no ponto de venda, desenvolvidas para motivar e influenciar as decisões de compra dos consumidores. Merchandising trata dos clientes que já estão em sua loja.

Já quando falamos de marketing estamos falando principalmente de processos de planejamento, execução, preço, comunicação e distribuição. Em outras palavras, trata-se das ações responsáveis por trazer seus clientes até a loja.

Se o marketing e suas ferramentas, como a campanha ou o tabloide, trazem um cliente à sua loja, são as ações de merchandising, como as pilhas de produtos e a precificação, que irão converter essa oportunidade em um momento de compra.

Uma das maneiras mais fáceis de diferenciar esses conceitos é dizer que, quando falamos de marketing, estamos falando de ações da porta da loja para fora, enquanto, ao falar de merchandising, estamos falando de ações da porta da loja para dentro. É um conceito interessante e muito fácil de passar à equipe de loja.

Mas e quando falamos de promoção de vendas? Alguns segmentos de varejo, como o ramo de materiais de construção, têm por hábito confundir os termos de promoção de vendas e merchandising. Quando dizemos promoção, estamos agregando um caráter temporário à ação, uma vez que não existe promoção durante a vida inteira. Caso contrário não seria promoção, e sim uma qualidade, um diferencial da empresa/produto.

Alguns equipamentos de promoção, como os displays, têm caráter de tempo não definido. Eles expõem melhor, vendem melhor, mas não fazem parte de uma promoção.

6 - O QUE LEVAR EM CONTA NO VAREJO POPULAR

Não importa qual a posição comercial que a loja tenha, se ela pretende adotar um perfil de luxo ou popular é necessário que todas as etapas da formação dos conceitos da loja, do logotipo, do mix de produtos, do mobiliário desejado e até mesmo da fachada estejam de acordo com o posicionamento adotado.

O assunto é extenso e queremos colocar aqui apenas alguns pontos importantes para levar em conta no início de um projeto de desenvolvimento de ponto de venda no varejo popular.

Quando se pensa em uma loja popular é quase unânime lembrarmos da Casas Bahia, que se transformou "ao longo de décadas" em um modelo de atendimento ao segmento popular. Mas popular por quê?

Estamos falando em preços e promoções, mas o conceito número um de qualquer loja de perfil popular é: CRIAR A SENSAÇÃO DE OPORTUNIDADE ÚNICA. É por isso que as ações do varejo popular enfatizam expressões como "somente amanhã" e "é só neste fim de semana". Fisgam o cliente com a sensação do "agora ou nunca". A promoção é tão boa que se você não comprar agora, nunca mais terá outra oportunidade como essa.

Numa loja que não pode se valer de grandes comerciais ou de um marketing mais ousado, podemos falar de oportunidade única ao montar uma pilha gigante de produtos na entrada da loja, com a oferta do dia ou da semana. A ideia é a mesma: uma grande promoção por tempo limitado.

E, falando em pilhas de produtos, vale citar outro aspecto muito importante de uma loja popular: POTÊN-

CIA. Público de perfil popular compra quando vê quantidade. A equação da cabeça do consumidor é simples: compram mais, são especialistas no produto, vendem mais barato. Por isso muitas empresas estampam slogans como "a número 1" e "a melhor".

Sua loja deve parecer cheia, repleta de produtos, pilhas bem-montadas, araras cheias, pontas de gôndolas agressivas no que diz respeito à exposição, tudo para fisgar e chamar a atenção do seu consumidor.

Quando falamos em fachada, o conceito é simples: sua loja deve ser o mais convidativa possível ao seu cliente. Deve também funcionar como uma extensão da rua. Vejamos um exemplo de uma loja das Casas Bahia. A entrada rasga a fachada em sua totalidade ou da maior maneira possível. Quanto mais aberta a loja, mais convidativa. A mensagem que se passa é: todos são bem-vindos.

Falando em iluminação, devemos considerar que toda loja popular precisa ter iluminação adequada e uniforme. O conceito de iluminação é o mesmo utilizado em supermercados e hipermercados: iluminação distribuída pelos corredores de forma consistente.

Já a comunicação visual da loja precisa estar focada em preço. Na maioria dos casos, esse é o grande fator de decisão na compra. Uma boa oferta, com preço bem chamativo, utilizando todo o arsenal bélico de merchandising à sua disposição, como splashes, etiquetas, cartazes ou banners, é dado como certo na hora de "agarrar" o consumidor.

Um aspecto que vale a ressaltar ao falarmos em lojas populares, e que muita gente se confunde ainda, é que já é uma tese derrubada a história de que lojas populares devem ter aspecto popular, com acabamentos ruins, pisos de baixa qualidade e paredes simples. Nada disso é mais real em nosso mercado. O cliente amadureceu de tal forma, e hoje possui opções tão variadas na hora de comprar, que se sua loja não estiver de acordo com o "sonho" do cliente no momento da compra, será excluída de suas opções.

Quer um exemplo? Os pisos de todas as lojas das Casas Bahia são de porcelanato, um material de aspecto nobre. Como dizia o carnavalesco Joãosinho Trinta: "Quem gosta de pobreza é intelectual. Pobre gosta de luxo".

Comprar os materiais de sua casa é um sonho, comprar o carro que você deseja é um sonho, comprar o vestido para aquela festa é um sonho. Onde você prefere comprar seu sonho: em uma boa loja ou em uma loja qualquer?

Nesse momento você deve estar se perguntando: mas se minha loja tiver um aspecto luxuoso demais, será que não passa uma imagem de preço alto, antes mesmo do cliente conhecer a loja, impedindo que ele realmente entre no PDV? A questão é que o exato equilíbrio entre todos os itens acima é que fará com que sua loja seja boa sem parecer cara. Promoções fortes, entradas amplas e convidativas e iluminação agradável darão os parâmetros necessários para sua loja se tornar uma das preferidas de seu público.

7 - O QUE LEVAR EM CONTA NO VAREJO DE LUXO

Falamos há pouco de lojas populares, e agora é hora de fazer uma análise semelhante para lojas que têm como foco um público de poder aquisitivo maior. Como trabalhar lojas de luxo?

O primeiro parâmetro que iremos mudar é que, se em uma loja popular utilizamos o conceito de POTÊN-

CIA, em uma loja de luxo o conceito-chave é a palavra EXCLUSIVIDADE. A principal diferença entre esses dois públicos é que, se o popular busca ofertas e oportunidades, o luxo busca peças diferenciadas, exclusivas, únicas. Na hora de expor uma roupa, por exemplo, você não expõe uma arara com 100 peças da mesma roupa. Apresentar apenas uma peça da roupa exposta, às vezes até em lugar destacado, agrega valor à peça e passa o conceito de exclusividade que estamos buscando.

Na hora de expor até mesmo carros e barcos, a ideia é tratá-los com requinte, como se fossem joias em exposição. Carros são exibidos em plataformas com iluminação especial, roupas são apresentadas em cabides únicos e produtos são expostos em displays exclusivos, tudo para realçar o status e o conceito de exclusividade das peças.

E por falar em realçar os conceitos, quando falamos em iluminação, estamos falando em uma iluminação que valoriza as peças e, em muitos casos, está totalmente focadas nelas. Algumas lojas utilizam pontos de iluminação em tons mais quentes de modo a agregar mais valor. Se o conceito da iluminação de uma loja popular era uniformidade, o conceito de iluminação de uma loja de luxo é o foco.

Falando em fachadas, se quando falamos de lojas populares falávamos de entradas ocupando quase a totalidade da fachada da loja, no caso das lojas de luxo, quanto mais luxuosa, menor e mais restrita será sua entrada. Exclusividade.

É como funcionam lojas como Tiffany's e Giorgio Armani. A entrada é tão restrita e pequena na fachada que poucos se atrevem a entrar. Na verdade o conceito dessas fachadas baseia-se no "só entra quem pode", o que não significa que alguém seria barrado na entrada da loja, mas que você só se sente à vontade para entrar na loja quando possui a intenção de comprar ou a capacidade para consumir os produtos.

No caso de comunicação visual e elementos de ofertas, vale lembrar que quanto mais alto o posicionamento da loja, menor o conceito, quando não nulo, de ofertas.

Ofertas, em muitos casos, desvalorizam produtos e, por consequência, a marca. Quando expostas, as ofertas oferecem valores muito acima de produtos similares de concorrentes mais populares. Tudo em nome do valor da marca.

8 - COMO FAZER DOS FORNECEDORES PARCEIROS NAS AÇÕES DE MARKETING?

Acredito que, para boas soluções, é necessária uma análise sobre como funciona a captação de novas verbas. Analisando a maneira como é captada hoje a verba para as ações de marketing, entendemos que existe, do lado o varejo, o time comercial, que, com base nas campanhas sugeridas, solicita novas verbas a cada nova campanha aos fornecedores, por meio de seus representantes comerciais.

O representante, por sua vez, tem que solicitar novas verbas à indústria, atuando como um vendedor de nossas ideias e campanhas. Essa verba por vezes é proveniente do budget de marketing das indústrias, mas, em sua maioria, é proveniente de uma verba comercial, principalmente quando entregue na forma de produto ou bonificação.

Com uma concorrência cada vez maior e mais forte, hoje temos um cenário de saturação para a arrecadação de verbas. Para melhores acordos, são alinhadas inclusive questões comerciais, como compras maiores ou menores descontos, desfavorecendo o varejo em preços e entregas finais no PDV em relação a outros players.

Desse modo, a principal oportunidade está em pensarmos em novas maneiras ou mecanismos de realmente trazer os departamentos de marketing e merchandising como parceiros de nossa empresa, de maneira a conquistarmos um comprometimento maior dos fornecedores.

Nós somente nos comprometemos com aquilo em que acreditamos. Um ambiente favorável ao diálogo com os departamentos de marketing e merchandising, buscando planejar, organizar e favorecer novas práticas, pode, sim, estimular novos e maiores investimentos por parte da indústria.

• Criação de um conselho consultivo de marketing e merchandising: mensalmente (ou bimestralmente), a empresa poderia receber representantes de marketing e merchandising da indústria, a fim de conhecer melhor seus problemas e demandas, e ainda buscar novas e interessantes oportunidades. Nessas reuniões, as empresas poderiam tomar conhecimento de campanhas futuras e até mesmo de valores de investimento e condições de parceria.

• Espaço fornecedor do mês: em local de destaque no ponto-de-venda, na região de entrada da loja, poderia ser negociado um espaço que fosse locado mensalmente a um fornecedor para a exposição de um lançamento ou de produtos em grande oferta de sua linha. O que ao cliente soaria como uma ilha ou exposição promocional poderia se tornar uma grande ferramenta de arrecadação para a loja, uma vez que o espaço é privilegiado.

• Favorecer espaços como *store-in-store*: sendo o *store-in-store* uma ação cada vez mais utilizada para a promoção ou divulgação de marcas no ponto de venda, falta à empresa a criação de um espaço destinado e propício a essas ações, que poderia atuar de maneira fixa ou temporária, de acordo com acordos e questões comerciais que pudessem ser acertadas.

9 - COMO CATIVAR SEU CLIENTE

Uma das grandes questões que cercam o mercado é como aproveitar as oportunidades que surgem para conquistar a fidelidade de nossos clientes. Você tem um cliente que entra uma primeira vez em sua loja e sai de lá com uma experiência de compra satisfatória: comprou bem, pagou um preço que achou correto e foi bem atendido. A boa experiência de compra leva seu cliente a retornar à loja: começa aí o processo de fidelização de seu cliente. De alguma maneira, ele começa a confiar em sua loja.

Entretanto, se estamos falando de um processo inicial de fidelização, a experiência de compra deve ser igual ou superior à primeira experiência. Uma alta nos preços, um atendimento mal resolvido, uma troca de produto que não foi aceita pela loja, ou até mesmo o atraso na entrega de mercadorias, podem por todo o processo de fidelização a perder.

Somente quando atingimos o estado de lealdade do cliente, é que seria, em tese, aceita pelo cliente alguma falha em qualquer um dos processos das etapas de venda e pós-venda do produto. Clientes leais são aqueles que, de uma maneira ou de outra, tornam-se verdadeiros defensores de sua marca.

A grande sacada é buscar surpreender (positivamente, sempre) e emocionar ao máximo seu cliente em seus processos de compra. Quanto melhor for a experiência de compra, mais fácil se dará o retorno do cliente à sua loja. Alguns processos que surpreendem:

– Comprar em sua loja mais barato do que na concorrência.

– Comprar produtos que só se encontram em sua loja.

- Pagamentos e análises de crédito com o mínimo de burocracia e o máximo de ganho de tempo.

- Receber as mercadorias no prazo ou antes mesmo do prazo combinado;

- Agilidade e CORDIALIDADE nos processos de troca de mercadorias.

Principalmente quando falamos de lojas pequenas, não estamos falando em investimentos altos, e sim em negócios justos e promessas que possam ser cumpridas.

Se seu processo de entrega é complicado, prometa um prazo que possa cumprir com segurança. Não adianta prometer entregar em dois dias se você sabe que há um problema com o fornecedor que pode comprometer a entrega. Seja honesto e sua marca será reconhecida pela confiança.

No caso das trocas de mercadorias, já repararam que na maioria dos casos, clientes são bem-vindos no momento da compra, tendo até tapetes vermelhos na entrada, mas, na hora de trocar um produto, são convidados a ir a algum canto escondido?

Trate seu cliente de troca da mesma maneira como trata seu cliente de compra. Talvez esse seja o melhor momento de fidelizá-lo.

É fato que alguns clientes já entram em sua loja com dentes rangendo e cara de mal-humorado. Muitas vezes o fazem por já imaginar que terão de "matar um leão" para conseguir o que precisam.

Um sorriso sincero no rosto e um atendimento ágil e eficiente podem combater qualquer tipo de cliente mal-humorado.

Pense nisto:

– Todo cliente que estiver entrando em sua loja pode ser um cliente leal. Só depende de você.

– Se em sua loja eu compro bem, me atendem bem, me entregam no prazo combinado e você é ágil quando eu preciso, por que eu preciso de outra loja?

10 - MÉTRICAS: O QUE O VAREJO FÍSICO PODE APRENDER COM O E-COMMERCE

As perspectivas econômicas para os próximos anos preveem uma retenção do consumo. Os estudos que estão sendo apresentados mostram que esse cenário acontecerá independentemente do cenário político. Por consequência, o varejo tende a ser uma das áreas mais afetadas, com vendas em baixa (principalmente em bens duráveis), dólar em alta, juros elevados e demissões, entre outros.

Para sair da crise, o varejista tem que buscar a rentabilidade máxima de seu ponto de venda. Tem que parar com a rotina de "abre-a-loja-vende-o-que-deu-para-vender-e-fecha-a-loja". Se não bastasse a crise da demanda, ainda temos à disposição uma mão de obra cada vez menos qualificada, que, mesmo com todos os esforços de associações e entidades, ainda vê o varejo como apenas uma porta de entrada no mercado de trabalho, algo temporário por vezes, e não como uma oportunidade de carreira.

E como buscar rentabilidade em tempos de crise? A resposta pode estar no e-commerce. Mas antes que você imagine que a solução é abrir uma operação virtual (caso você não tenha), me refiro principalmente a adotar todas as métricas de uma loja online.

Eis algumas métricas importantes no e-commerce:

• Número de acessos

• Número de páginas visitadas/acesso

• Tempo de permanência

• Taxa de conversão (acessos x compras realizadas)

• Taxa de rejeição (entram, não efetuam nenhuma ação no site e saem)

• Páginas mais visitadas

• Produtos mais procurados

• Características do consumidor (aliando-se a perfis em redes sociais)

• Taxa de abandono de carrinhos (iniciou o processo de

compra, mas não o finalizou)

Essas métricas, obtidas quase sempre em tempo real, permitem ao varejista on-line uma rápida tomada de decisão. Permitem, por exemplo, que assim que ele verifica que um produto que possui um bom desconto não está sendo procurado ou vendido, colocar esse produto "na cara do gol", na página principal em local destacado. De outras formas, se esse mesmo varejista identifica que possui uma "taxa de rejeição" alta, ele busca aperfeiçoar questões como o tempo de carregamento ou a disposição de links e imagens do site, para melhorar a experiência do usuário.

No varejo físico, os varejistas brasileiros ainda são míopes no que se refere às métricas. Dos que utilizam algum tipo de métrica, além do faturamento, para entender seu negócio, poucos saem do trinômio "vendas, número de cupons e tíquete médio". Não dá mais para o varejo acreditar que o incremento de venda só acontece quando se atrai mais clientes. Nem todo varejista tem o poder de fogo ou orçamento publicitário para estar em propagandas no rádio ou na televisão. O segredo talvez não esteja em buscar mais consumidores, e sim em entender o comportamento dos consumidores que já entram em sua loja e, assim, aperfeiçoar a experiência deles, tendo como consequência o aumento de faturamento.

Para se ter uma ideia do que estamos falando, empresas de varejo físico que mensuram eletronicamente sua taxa de conversão obtêm como resultados 20% a 25% de taxa de conversão. Mas o que isso significa? Significa que de cada cinco clientes que entram em sua loja, certamente com alguma intenção de compra, somente um cliente efetivamente compra. Se existe a intenção de compra, ou seja, se já vi algo na vitrine ou fui ao ponto de venda por gostar dos produtos da marca, por que não compro? Os motivos quase sempre são internos: mau atendimento (esse sempre o grande campeão), falta de produtos ou tamanhos, preço, e até mesmo filas. O consumidor não tem mais paciência para filas e chega a deixar cestas ou carrinhos cheios de produtos ao se deparar com um processo final de pagamento maior do que ele consegue suportar.

Sendo os principais motivos internos, e não externos, a receita que estamos buscando pode já estar hoje no ponto de venda. Cabe ao varejista entendê-la e trabalhá-la.

Para sobreviver, cabe aos varejistas se adaptar aos novos tempos, adquirir mais velocidade de respostas e principalmente de tomada de decisão.

11 - QUAL A MELHOR FORMA DE MENSURAR SEU PDV?

Quando falamos em lojas que trabalham em redes, é comum estabelecer qual a melhor ou pior loja em função do volume de vendas. Esse é, de fato, um índice importante, pois estamos falando de varejo e a venda é o combustível essencial para o sucesso do negócio.

Outro índice importante para o varejo, infelizmente ainda pouco utilizado no país, é a taxa de conversão de vendas. A taxa consiste na proporção entre o número de shoppers que entraram em uma determinada área ou ponto de venda (tráfego, fluxo de clientes) em relação ao número de cupons ou tíquetes emitidos.

Mas por que a taxa de conversão seria importante? Por meio de uma simples análise, principalmente se comparando dados entre unidades, pode-se descobrir que uma loja "campeã" em vendas apresenta um índice de conversão menor em relação a outras lojas, o que mostra o quanto essa ainda pode crescer. No caso de demonstrar um índice maior que o de outras lojas, pode mostrar o quanto o crescimento da loja já se encontra saturado e possivelmente encontrará dificuldades em crescer.

Visto que a taxa de conversão se refere a clientes que de uma maneira ou outra já entraram no ponto de venda, de maneira analítica pode-se dizer que esse é um cliente no qual podemos investir muito menos do que um novo cliente que teríamos que atrair ao ponto-de-venda, por meio de mídias tradicionais, por exemplo, com custos em tabloides, rádio ou televisão. Para esse tipo de cliente, que já está no ponto-de-venda, investir em um atendimento de mais qualidade ou buscar qualificar melhor as ofertas que lhe são oferecidas pode elevar com assertividade as taxas de conversão.

De outra maneira, falando em atendimento, um dos exemplos mais comuns está em uma queda na taxa de conversão, principalmente nos horários de picos de fluxo. Analisando os possíveis picos e vales em relação às taxas de conversão e fluxo de clientes, é possível escalonar ou dimensionar melhor as equipes de atendimento, ou até mesmo aperfeiçoar ou mensurar os modelos de treinamento estabelecidos, buscando qualidade nos momentos de baixo fluxo e agilidade nos momentos de maior fluxo, mantendo-se as taxas de conversão.

São diversas as análises possíveis e imagináveis nesse contexto. O mais importante é saber quais são seus reais números para poder trabalhar com assertividade. Já é possível encontrar no mercado empresas que, mais do que apenas contabilizar o fluxo de clientes, conseguem oferecer integração total com os sistemas de vendas das lojas, oferecendo, mais do que apenas dados, uma gestão completa de como a taxa de conversão pode ser utilizada para criar resultados e aumentar rentabilidade.

E aí, qual sua taxa de conversão?

12 - CLIENTES CONVERTIDOS X TAXA DE CONVERSÃO

Quando falamos em algumas métricas de varejo, uma que constantemente é confundida é a taxa de conversão. Não é raro encontramos profissionais comentando sobre sua conversão, mas trazendo, de fato, números de clientes convertidos.

Embora seja uma terminologia, não se trata apenas de uma questão de significado, mas principalmente do fato de um ser um derivado direto do outro.

O número de clientes convertidos é a simples quantidade de clientes que converteram seu interesse em compra ou, de forma simples, compraram algo. Por isso, cliente convertido.

Mas, e a taxa de conversão? Quando falamos de taxa de conversão, estamos falando principalmente da porcentagem entre o número de pessoas que entraram na loja e os clientes que compraram da loja, ou seja, os clientes convertidos.

Numa conta simples, imagine que, durante todo o dia, entraram 1.000 pessoas em uma loja, mas apenas 100 compraram alguma coisa. O número de clientes convertidos nessa loja é de 100 e a taxa de conversão é de 10%, resultado do numero de pessoas (1.000) contra o número de clientes convertidos (100).

Embora sejam duas informações importantes para uma correta avaliação de resultados do negócio, a taxa de conversão vem sendo utilizada cada vez mais como um dos principais indicadores de desempenho do varejo.

Para se ter uma ideia, a taxa de conversão média do varejo brasileiro é de cerca de 20%. Há mercados em que a taxa de conversão diária fica abaixo dos 10%, porém.

Em tempos de crise, os clientes estão cada vez mais escassos e com isso, aparentemente as oportunidades de venda também se tornam mais raras. Embora isso preocupe, para uma loja que tenha perdido 7% do seu fluxo no período e continue a vender para apenas 20%, há ainda um cenário de mais de 73% de oportunidades que estão sendo desperdiçadas. Se 100 pessoas entravam em sua loja e você vendia para 20, agora que entram 93, você deveria vender ainda para 20 ou aceitar vender para 18 pessoas? Num cenário de tantas oportunidades, deve-se buscar o crescimento por meio da melhoria de sua capacidade de atendimento e vendas.

Há de se avaliar que clientes que entram em alguma loja possuem uma mínima intenção de compra, nem que essa seja traduzida momentaneamente apenas como "curiosidade", ou, no jargão popular, o famoso "só estou dando uma olhadinha".

O que o varejo e o varejista não podem mais perder é tempo. As oportunidades estão aí.

13 - SUCESSO EM TEMPOS DE CRISE

Vender nos dias de hoje é um verdadeiro desafio. O cenário de crise fez com que o mercado reagisse de forma temerosa acerca do futuro econômico do país, e o consumidor, com receio de perder o emprego ou de contrair mais dívidas, tem preferido guardar dinheiro a gastá-lo.

Para os empreendedores, esse cenário vem se refletindo em constantes quedas de faturamento e, por consequência, de lucratividade dos negócios. Para a maioria, há sempre a esperança de que dias melhores virão e que, depois da tempestade que estamos enfrentando, quem sabe virá a bonança, com dias melhores.

A verdade é que quem perdeu vendas nos últimos meses dificilmente irá reparar seus prejuízos. O cenário econômico atual prevê que o que temos para hoje em termos de clientes e oportunidades de venda é o que teremos ainda por um bom tempo, independente do cenário político que se forme adiante. É o tal do "novo normal".

A dica: acostume-se.

Mas, em tempos de crise e na sucessão de empresas que vêm fechando suas portas recentemente, inclusive gigantes em seus mercados, a lição que fica é que no varejo não há espaço para perdas ou pouca produtividade. Para fazer a mesma limonada de sempre, precisamos espremer ainda mais os limões.

Seu gerente reclama que poderia vender mais somente se entrassem mais clientes na loja? Seria essa uma verdade absoluta? Você e sua equipe de vendas têm aproveitado todas as oportunidades que literalmente entram por sua porta todos os dias?

O varejo precisa deixar de ser passivo em relação ao mercado. Não há mais espaço para ficar atrás do balcão esperando o dia todo pela entrada de clientes. O varejista precisa ser mais assertivo sobre seu modelo de gestão.

É fato que, para a maioria das empresas de varejo, principalmente as de pequeno porte, a gestão do negócio funciona com base exclusivamente no quanto vendeu e no que vendeu (faturamento x estoque). Para muitos empreendedores, "vendas" é somente o número ou o resultado final do caixa ao final do dia.

Esse é o modelo de gestão que vem enfrentando mais problemas hoje. A gente sabe que há um buraco no barco, mas onde ele está de fato? Seguindo a metáfora, como tapar o buraco e estabilizar o barco para poder seguir viagem?

Algumas empresas avançam um pouco nesse conceito e enxergam vendas de um jeito um pouco mais elaborado, seguindo a seguinte fórmula:

VENDAS = NÚMERO DE CUPONS (TÍQUETES) X TÍQUETE MÉDIO

Nesse modelo, é possível analisar algo além da venda. Além da quantidade de pessoas que efetuaram uma compra (número de cupons), podemos também avaliar o valor médio de compra dos consumidores.

Se as vendas caem 10% mas o tíquete médio é mantido, seria possível aumentar os cupons de alguma maneira? O problema é a atratividade ou o atendimento da loja? De outra maneira, no mesmo cenário de queda de vendas, se o número de cupons é estável, o que estaria fazendo com que o tíquete médio caísse?

Haveria algo que poderia incrementar esse valor, como uma oferta casada (*cross merchandising*) ou, quem sabe, um pequeno aumento no valor do produto?

Todos os cenários são possíveis e começam a criar para a gestão uma grande variedade de ações e possibilidades para a geração de vendas.

Mas e se houvesse uma fórmula ainda mais interessante? Veja esta:

VENDAS = FLUXO X TAXA DE CONVERSÃO X TÍQUETE MÉDIO

Quando consigo desmembrar de maneira ainda mais complexa o que realmente é minha venda, o cenário de ações e possibilidades de combate à crise torna-se muito mais amplo.

Dentro de um mesmo cenário de queda de vendas de 10%, vamos analisar cada um desses itens para verificar de fato qual é o problema de vendas. Se o problema estiver localizado no fluxo de clientes, estão entrando menos clientes do que antes e os outros indicadores estão de certa maneira estáveis, então se faz necessário atrair novos clientes com ações que garantam o aumento de fluxo, como promoções na porta da loja e publicidade nos mais variados canais.

Se o problema estiver localizado nos outros indicadores, ou seja, o número de pessoas que entram em sua loja é praticamente o mesmo, mas, de certa forma, estão comprando menos ou sua equipe de vendas não está conseguindo ter o mesmo desempenho de antes, cabe decidir quais ações tomar, entre as quais qualificar seu atendimento através de cursos ou palestras motivacionais; criar promoções casadas, visando o aumento do tíquete médio; e elaborar melhor sua comunicação visual e peças de merchandising, criando exposições e ambientações atrativas ao consumidor, entre outras.

Nem sempre o problema de vendas está somente no mercado. Em tempos de crise, temos que no mínimo medir o desempenho real de nosso negócio, pois como diria Peter Drucker: "Se você não pode medir, você não pode gerenciar".

14 - E QUEM DISSE QUE NA LOJA FÍSICA NÃO HÁ FUNIL DE VENDAS?

Pense na função de um representante comercial, um vendedor que trabalhe na rua vendendo uma marca ou produto. Uma das maneiras mais eficientes de administrar um vendedor ou uma equipe de vendas é através do gerenciamento das oportunidades de negócio utilizando o conceito de pipeline ou funil de vendas.

Um bom vendedor ou gerente de vendas começa a analisar seu mercado pelo que ele define como *suspects*, que seria basicamente o perfil de consumidor adequado ao produto, em uma evolução contínua de possibilidades (leads, oportunidades, propostas, negociação) até que esse se torne de fato um cliente, ou melhor, seja realizada uma venda.

Não há sequer uma empresa que trabalhe com vendedores em campo e não conheça os termos acima. Agora, voltando à função do representante, imagine que você tenha um vendedor de campo, mas que ele fique apenas esperando alguém ligar, que, caso ninguém entre em contato, não há novas oportunidades. O que acharia disso? Qual a probabilidade de uma empresa com essa postura ter bons resultados?

Agora, pense em um vendedor tradicional do varejo, um vendedor de loja. A análise de gestão costuma estar concentrada somente em quantas pessoas são atendidas e em quantas pessoas compraram, o que definimos como taxa de conversão, normalmente registrada de maneira simplista pela chamada "lista da vez". É possível avaliarmos de outra maneira ou pensarmos em novas possibilidades para a gestão do vendedor da loja que não seja somente a partir de um atendimento?

Sua loja pode atrair de muitas maneiras o consumidor para um possível atendimento. Contar com o fluxo de uma rua movimentada ou possuir uma vitrine no mínimo interessante para quem passa são algumas das oportunidades que você tem para gerar novos negócios.

Pensando nisso, é possível criar um funil de vendas e oportunidades para o vendedor ou o gerente pensarem em uma gestão mais eficiente. Se a utopia de todo varejista é que todo mundo que passasse pela frente da loja também entrasse para ver alguma coisa, podemos começar desse ponto.

Veja a imagem abaixo:

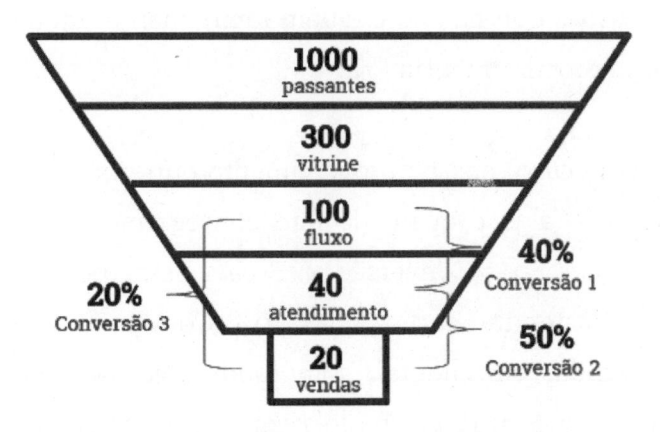

```
                    1000
                  passantes
                    300
                   vitrine
                    100
                   fluxo
                                      40%
         20%        40              Conversão 1
      Conversão 3  atendimento
                    20               50%
                   vendas          Conversão 2
```

A partir de 1.000 pessoas que passam em um determinado período (como um dia todo de operação, por exemplo), há 300 pessoas que se interessam pela vitrine da loja e param para olhar mais pausadamente. Dessas 300 pessoas, apenas 100 pessoas entram. Até aí, você já começa a considerar que consegue atrair cerca de 10% das pessoas que passam em frente de sua loja, o que seria um número ótimo em uma loja tradicional, mas que você pode tentar aumentar com uma vitrine ou oferta mais chamativa.

Continuando com a análise, para cada 100 pessoas que entraram, apenas 40 conseguiram atendimento ou foram identificadas pelos vendedores. E como isso acontece? Já entrou em uma loja cheia ou em que todos os vendedores estejam ocupados no momento? Na maioria dos casos, as pessoas que não conseguem rapidamente um atendimento procuram outra loja.

Nesse caso, nosso aproveitamento entre quem entrou buscando algo e quem de fato conseguimos atender é de apenas 40% (Conversão 1). E para essas pessoas que tiveram atendimento, apenas 50% (Conversão 2) foram convertidas em clientes, comprando algo. De cada 100 clientes que entraram na loja com interesse de compra, conseguimos vender para apenas 20 (20% – Conversão 3), com uma perda de mais de 80% de oportunidades reais de venda.

No cenário que estamos enfrentando atualmente, não há mais como o varejista ou administrador do negócio não se atentar ao volume de novas oportunidades que estão sendo desperdiçadas a cada dia.

A "lista da vez" é de fato um índice de gestão interessante para o negócio, mas que mostra apenas uma pequena parte do potencial real de negócios da marca. Não é possível mais trabalhar a gestão sem compreender de fato não somente o quanto vendemos, mas quanto deixamos de vender todos os dias.

15 - VOCÊ SABE QUAL SUA HORA QUENTE?

Praticamente todo varejista, se perguntado, sabe facilmente responder em qual dia da semana ele mais vende e possui maior faturamento. Aqueles que hoje já possuem algum tipo de controle mais avançado sobre suas vendas conseguem inclusive estipular a hora na qual mais vendem (faturamento) ou até mesmo emitem cupons (vendas convertidas).

E seriam apenas nessas horas de maior venda as horas de melhores oportunidades?

Na Virtual Gate, onde analisamos diariamente o fluxo de mais de 3.500 pontos de medição, verificamos que não necessariamente o horário em que o varejista mais vende é de fato seu horário de maiores oportunidades.

O conceito de "hora quente" não se baseia em vendas ou cupons emitidos, mas sim no volume de pessoas que entram pelo ponto de venda a cada hora. Nesse conceito, a "hora mais quente" de uma loja é aquela em que mais consumidores entram em um ponto de venda, o que podemos também entender como a "hora na qual são criadas mais possibilidades de venda" para as equipes de atendimento.

Entendendo o conceito, existem dois aspectos pelos quais você pode avaliar sua operação a partir das questões de horas quentes e que, com certeza, poderão criar melhores resultados.

a) Sua equipe está corretamente dimensionada?

Se sua equipe de atendimento está dimensionada de qualquer maneira ou organizada de acordo com sua resposta em vendas, ou seja, a hora na qual você mais efetua vendas (cupons), há de ser considerado se o período de compras de um cliente em sua loja é superior a uma hora. Se o cliente hoje passa mais de 60 minutos no seu ponto de venda (como costuma acontecer em *home centers*, concessionárias, livrarias e supermercados), sua equipe deve estar preparada para receber o cliente. A hora quente poderá mostrar qual o exato momento de ter mais vendedores ou atendentes no ponto de venda. Pequenos ajustes na escala de vendedores acabam trazendo resultados muito positivos em vendas, em nosso histórico acima de 10%.

Faixa	Segunda	Terça	Quarta	Quinta	Sexta	Sábado	Domingo
10:00 - 11:00	53	52	50	60	68	80	0
11:00 - 12:00	78	76	71	84	91	131	0
12:00 - 13:00	123	121	122	128	140	166	0
13:00 - 14:00	146	146	146	149	165	201	0
14:00 - 15:00	151	150	157	148	160	236	186
15:00 - 16:00	158	154	163	149	164	265	224
16:00 - 17:00	160	150	162	144	160	271	244
17:00 - 18:00	156	148	160	141	167	267	235
18:00 - 19:00	163	153	168	152	178	250	212
19:00 - 20:00	161	153	170	160	183	242	175
20:00 - 21:00	149	139	149	154	186	236	0
21:00 - 22:00	99	91	93	104	141	181	0
Total Fluxo	1597	1533	1610	1572	1802	2526	1277
Média Hora	133	128	134	131	150	211	213

Gráfico de horas quentes: a partir da informação, é possível projetar a "equipe ideal" para a demanda de atendimento.

b) Você conseguiria vender para todo mundo, mesmo se todo mundo quisesse comprar de você?

Qual sua capacidade de operação no caixa da loja? Uma vez nos deparamos com um cliente que insistia em possuir no máximo dois pontos de caixa no ponto de venda. Em sua operação e seu processo de venda, seu caixa não conseguia emitir mais do que 30 cupons por hora. Entretanto, avaliando suas horas quentes, percebemos que em boa parte do período sua demanda era superior a 40 clientes por hora. O resultado disso, além de filas, era a impossibilidade de atender a todos, mesmo que todos os clientes estivessem dispostos a comprar.

Há hoje varejistas (especialmente supermercadistas) que apostam inclusive em manter longas baterias de caixas abertos, por vezes muito mais ociosos do que funcionais, na esperança de manter alta a satisfação do consumidor. E, se buscar a satisfação do consumidor é algo sempre positivo, não seria interessante poder ajustar pelo menos um pouco essa operação, a fim de evitar ao máximo a ociosidade de mão de obra no ponto-de-venda?

Entendendo sua real demanda por meio do fluxo de consumidores por hora, ou seja, entendendo suas "horas quentes", o varejista consegue hoje não somente compreender melhor sua demanda, mas utilizar essas informações para criar uma série de novos insights na gestão do negócio, buscando mais eficiência e, sobretudo, produtividade.

E produtividade, como todos sabem, é a palavra de ordem para o varejo de hoje.

16 - ENTRE A TÁTICA E A ESTRATÉGIA

Certa vez, durante uma conversa com um gestor de uma grande rede de varejo, ele comentou sobre a diferença entre alguns gerentes de suas lojas. Dizia que era possível separar todos seus gerentes em dois grandes grupos: os táticos e os estratégicos.

O assunto de certa forma me fez pensar que essa não é uma qualidade apenas ligada a profissionais, mas que pode ser analisada levando em consideração o varejo por si só, como protagonista, considerando essa abordagem para uma análise mais adequada de seu posicionamento junto ao mercado.

Quando dizemos que um profissional age de maneira mais tática, indica que ele está mais atento às questões do dia a dia, buscando resolvê-las à medida que acontecem, processualmente, buscando, por uma constância de boas resoluções, um bom resultado final. Podemos dizer que a maioria dos varejistas (a grande massa do varejo) age dessa forma, principalmente se contarmos as empresas que estão iniciando seu negócio, pequenos empresários e empreendedores.

De outra forma, podemos dizer que profissionais que agem de maneira mais estratégica, por vezes, estão pouco focados nas questões do dia, pois acreditam que podem ser facilmente delegadas, e buscam observar, através de uma visão mais macro de sua operação, não somente oportunidades, mas também problemas e deficiências com alguma antecedência. É o caso de alguns varejistas de grande porte, ou até mesmo franquias, que buscam o resultado diário, mas têm sua energia focada em uma visão mais global e analítica de toda a operação, uma visão mais estratégica.

Mesmo no caso de profissionais, particularmente não acredito que entre esses dois aspectos haja um correto e um errado. Se falamos de profissionais, é até interessante uma empresa possuir profissionais com atitudes e obrigações complementares como essas.

No caso do varejo, ter um bom nível tático garante o sucesso do negócio, garante o pão do dia, enquanto ter uma visão estratégica adequada permite que se construa uma marca sólida e eficiente naquilo que se propõe.

17 - ENTRE A PIROTECNIA E A TECNOLOGIA

Qual o real papel da tecnologia no varejo? Venho, ao longo dos anos, observando o quanto as tecnologias são mal aproveitadas, vendidas como diferenciais e, infelizmente, pelo mau uso, deixam de apresentar o resultado esperado.

Quando visito feiras e exposições, vejo a quantidade de pirotecnia proposta por empresas para destacar displays e produtos no ponto de venda. De certa forma, até porque faz parte da estratégia das empresas estar sempre apresentando algo novo, sempre surgem opções para que os produtos melhor apareçam, berrem ou pulem na frente do consumidor, buscando a todo custo destacar-se da concorrência no ponto de venda.

O cenário que encontramos nas lojas é bem distante do cenário realizado em um teste ou demonstração na empresa. Se uma tela (seja *touch screen* ou apenas uma tela simples, como uma apresentação de vídeo), colocada na gôndola junto a um produto de lançamento, pareceu destacar e enriquecer a informação de um produto, no PDV, ao lado de ações similares, muitas vezes perde-se no meio de uma poluição visual e sonora. Quando, em pior cenário, ainda pode ter que competir com uma transmissão de conteúdo do próprio varejista ou com uma locução promocional ininterrupta (e por vezes irritante) da loja.

O resultado de tudo isso, com um impacto abaixo do esperado, é que produtos e tecnologias caras são muitas vezes encostados em algum canto perdido no ponto de venda, até que sejam encarados como lixo e descartados como sucata, ou seja: não são boas opções nem para a indústria, nem para o varejista.

Vi, diversas vezes, equipamentos sendo removidos ou mal utilizados no ponto de venda. Alto investimento sendo transformado rapidamente em sucata sem valor. Se analisarmos a tecnologia como um facilitador, há uma série de possibilidades interessantes que realmente podem facilitar os processos de compra e tornar a experiência de consumo rica e prazerosa. O grande desafio hoje está em estabelecer um link real e importante entre a marca e o consumidor, algo que enriqueça sua experiência e não se torne mais um ruído dentro do universo de poluição visual encontrada em alguns pontos de venda.

Tecnologia sem fundamento torna-se pirotecnia. Encanta rapidamente e, com a mesma rapidez, vira poeira no ar.

18 - EXPOSIÇÃO É REMÉDIO, AMBIENTAÇÃO É CURA

Andando por alguns shoppings e centros de compras, ainda me surpreendo pela quantidade de lojas sem qualquer tipo de posicionamento ou estratégia definida, em que, embora as marcas existam, prevalece ainda o domínio da exposição do produto sobre a criação da atmosfera. São manequins sem expressão, preços colocados de qualquer maneira, prateleiras e expositores "padrão", e atendimento sem qualquer vestígio de personalidade.

Não é raro ver exemplos, até mesmo em grandes e consolidadas redes, em que é possível encontrar displays e até mesmo pequenos corners totalmente desconectados com o ambiente de exposição da loja. O resultado dessas ações por vezes até pode entregar resultados iniciais, mas muitas vezes exatamente esses resultados iniciais mascaram as grandes possibilidades aos gestores ou proprietários.

O varejo não vive mais seu papel de intermediário: ele assumiu o papel de principal contato do consumidor com a marca. E quando iniciamos essa relação de branding no varejo, temos que levar em consideração que o consumidor busca hoje muito mais do que apenas o produto: ele busca um ambiente inspirador, um lugar para estar, para experimentar, para se divertir, para inspirar e, só no fim, quem sabe, para comprar. Se hoje é válido que a maioria das compras é feita por impulso, precisamos muito mais do que apenas um bom display ou uma loja "arrumada" para atrair esse novo consumidor. Precisamos de um ambiente de total imersão, ou seja, uma atmosfera ou ambiente de vendas que esteja totalmente conectado com o que esse consumidor gosta, acredita e consome.

É fato que hoje uma loja precisa se conectar com seu público, buscando criar uma verdadeira atmosfera, uma ambientação correta e alinhada com as expectativas e desejos de seus consumidores. Nesse sentido, é a atmosfera que deve criar a exposição, não o contrário. A velha frase faz sentido: parece que o rabo é que está balançando o cachorro.

Foco no macro, não no micro. Pense nisso.

19 - MASCOTES E PERSONAGENS: AINDA VALEM A PENA?

Tem gente que acha brega. Tem gente que acredita que é um artifício que não funciona mais, fruto de ideias já ultrapassadas. Mas será que ainda vale a pena trabalhar com mascotes?

Mais do que apenas representar de alguma maneira a marca, cada aspecto da mascote está diretamente relacionado a algum aspecto da marca e da imagem que ela deseja passar ao seu consumidor. Desde o sorriso ou a postura do boneco no desenho até as cores e o tipo de traço no qual será representado. Tudo isso faz parte do universo que constrói ou destrói sua marca.

A indústria sempre soube utilizar bem a questão das mascotes. Quem não se lembra da galinha que representava a marca de caldos em pó ou do tigre que representa os cereais matinais? Mais do que simples desenhos, as mascotes às vezes tornam-se mais famosas que o próprio produto em questão.

No varejo, não faltam casos de sucesso, como o Baianinho das Casas Bahia. Mesmo em tempos modernos, a mascote ganha um banho de loja com traços atualizados, mas nunca perde sua essência.

Mas quando é cabível a utilização de uma mascote no varejo?

Os avanços do design digital criaram conceitos limpos e simples de logotipos e marcas. Parece que tudo foi abandonado e que hoje só vale a pena criar logotipos frios, com aspectos modernos. Traços retos substituem desenhos rebuscados e cores simples são substituídas por tonalidades Pantone, buscando exclusividade e originalidade no mercado.

O uso correto da mascote se refere única e exclusivamente ao posicionamento de sua loja. Se sua loja é elitizada e possui um perfil de produtos de qualidade e sofisticação, não é o caso de buscar criar algo desse gênero. Entretanto, para lojas de perfil popular, a ideia ainda se mostra válida.

Já é notório que uma das premissas básicas de um varejo popular é criar simpatia e empatia junto ao consumidor. E uma boa personagem pode ser a chave necessária para a criação dessas características. Além de gerar simpatia pela marca, uma boa mascote pode despertar a "criança interna" de seu consumidor.

Imagine também que ela poderá lhe servir de garoto-propaganda. Empresas que não utilizam esse artifício têm de buscar, na contratação de atores e atrizes, a humanização de suas mensagens e vinhetas promocionais. Possuir uma mascote pode resolver seus problemas nesse sentido, definitivamente.

Isso não significa que você tenha que sempre utilizar a personagem criada, mas ela poderá sempre estar estampada em cartazes, tabloides ou splashes, trazendo vida e alegria a seu ponto de venda.

Na hora de criar uma mascote, não se esqueça:

- Ao utilizar animais ou pessoas, busque alguma característica que represente sua marca, seja um referencial ao nome ou a alguma característica do animal/personagem propriamente dito.

- O ideal é que a personagem sempre carregue as cores do logotipo ou da identidade visual da empresa em sua composição, por exemplo, nas roupas que utiliza.

- A postura é essencial: mostrar um grande sorriso, os

braços abertos na forma de convite, ou até mesmo um ar de superioridade, com o peito estufado, pode criar a imagem que você precisa para sua marca.

- O traço ou maneira como o desenho é representado também é importante. Contornos leves e arredondados criam desenhos simpáticos. Imagens sem contornos ou imagens em 3D criam desenhos e identidades de perfis mais modernos;

- Não é necessário que o desenho da personagem traga a marca estampada, mas é interessante que a marca sempre busque trazer a mascote, quando possível.

20 - A FORÇA DA MULHER NO VAREJO

De lojas de construção a autopeças, diversos segmentos estão tendo que aprender a vender ao consumidor feminino, não apenas como uma nova oportunidade de negócio, mas principalmente como uma questão de adaptação quase obrigatória, caso desejem estender a longevidade de seus negócios.

Se no passado se discutia muito sobre a posição da mulher no mercado de trabalho, hoje muito se avançou nesse sentido (embora ainda exista muito a se fazer). Mesmo com a disparidade de salários ou até mesmo o subjulgamento por parte de muitas empresas, hoje a mulher conquista cada vez mais seu espaço, e até mesmo a preferência em algumas empresas e modelos de negócios, em cargos de chefia e alta gerência.

A mulher de hoje é muito mais independente, dinâmica, e em alguns casos opta por abdicar totalmente de questões como casamento ou filhos em função de suas aspirações profissionais. A independência pessoal também trouxe uma série de novos desafios, bem como gerou uma série de oportunidades às empresas que souberam enxergar mais longe.

Para a consumidora, como fazer para buscar produtos e serviços em ambientes antes totalmente voltados aos homens? Indústria e varejo a cada dia se esforçam em criar produtos e serviços que tornem a vida da mulher mais prática, agradável e confortável, principalmente nos momentos de compra.

Um bom exemplo são lojas de materiais de construção que, na virada do século, voltaram boa parte de seu foco a produtos de decoração, tornando a loja mais prazerosa ao público feminino. Lojas de serviços mecânicos viram seu público feminino aumentar quando passaram a atender em ambientes mais limpos, com funcionários com melhor aparência, uniformizados e bem-treinados (treinamento em atendimento é sempre um bom investimento).

Ao contrário do que se pode pensar, adaptar um produto ou serviço ao consumidor feminino não se trata de apenas pintar algo de cor de rosa ou encher de babados sua sala de espera. Trata-se, principalmente, de tornar mais confortável ou agradável a experiência. Pense em ser receptivo, atender bem e oferecer produtos e serviços compatíveis com as necessidades desse cliente. Crie empatia através da simpatia.

21 - MIMETISMO NO VAREJO

O termo mimetismo é empregado na Biologia para descrever animais ou plantas que se assemelham a outros para se defender ou atrair outras espécies, como plantas que imitam animais ou animais que se assemelham a outros mais perigosos, de forma a amedrontar predadores.

No mundo do varejo, muito se discute sobre buscar

cada vez mais segmentação e diferenciação no mercado. Pensando em estratégia de uma maneira geral, ou você se destaca no mercado, ou você é obrigado a vender mais barato.

Diariamente somos bombardeados por informações sobre tendências e previsões para o mercado. Muitos varejistas e projetistas se espelham em modelos e conceitos de lojas de outros países para aplicarem em seus pontos de venda. Da mesma forma, quando uma empresa cria um novo serviço ou lança um produto de mercado que dá certo, imediatamente surgem no mercado opções novas e mais baratas.

Antes de tudo, o mais correto para uma empresa é buscar sua autoimagem. Avalie internamente, por meio de análises junto ao público consumidor, seu posicionamento no mercado. É comum uma loja cometer o erro de copiar materiais, padrão de cores ou outros aspectos, sem levar em consideração se as escolhas estão de acordo com o perfil de seu consumidor ou sem levar em consideração se as escolhas estarão encarecendo ou empobrecendo demais a marca ou os produtos vendidos.

Para muitos varejistas, copiar ou imitar uma marca de sucesso pode ser, à primeira vista, um caminho mais fácil e rápido para ganhar valor de produto e imagem. Um exemplo muito comum é cometido por algumas lanchonetes: de carona no exemplo do McDonald's, com sua comunicação visual clássica focada nas cores amarelo e vermelho, diversas lanchonetes e restaurantes entraram na onda.

Essa é uma cor que hoje representa um apelo popular muito forte, e, mesmo assim, é possível encontrar lojas que desejam passar qualidade e valor aos seus produtos utilizando essa padronagem de cores. O próprio McDonald's vem alterando esse padrão visual, utilizando tons mais sóbrios e naturais, para buscar uma nova imagem junto a seus consumidores.

Por isso, fica a dica: imitar pode parecer um caminho mais fácil, mas compreender suas reais necessidades é o caminho mais correto.

22 - O CONCEITO DAS LOJAS-CONCEITO

Recentemente, tive a oportunidade de responder a uma entrevista sobre a questão das lojas-conceito e gostaria de trazer alguns pensamentos e reflexões sobre o tema. Com frequência, somos informados sobre inaugurações e lançamentos de lojas-conceito, lojas-modelo, *flagships* e, neste artigo, pretendo abrir um pouco a discussão sobre o tema.

Quando falamos de lojas-conceitos, que hoje também são chamadas como *flagship*, elas funcionam muitas vezes como uma experiência ou uma espécie de laboratório onde as marcas podem apresentar aos seus consumidores novas formas de atuar, desde o atendimento à forma como são expostos seus produtos, ou, até mesmo, uma total ruptura de linguagem e comunicação. Em um mercado em constante ebulição como é o varejo, as *flagships* são as armas que as marcas possuem para testar novos rumos ou aprimorar seus caminhos, sempre buscando atender às dinâmicas e rápidas expectativas do mercado.

Até aí, não existe nenhum problema. Entretanto, algumas marcas estão erroneamente buscando novos conceitos, não com base em suas próprias características ou de seus consumidores ou em uma projeção de como sua marca e seu consumidor irão evoluir, mas, sim, baseiam-se em modelos de outras marcas e mercados que deram certo e acabam sendo copiados.

O sucesso de algumas lojas-conceito, como as da Apple, fez surgir uma série de outras lojas e pontos de venda "inspirados" no tema, mas que no final, tratam-se apenas de cópias superficiais de um grande conceito, tangendo a questões como acabamento, design e disposição de mobiliários. O resultado disso é um projeto temporal, que por vezes já começa tarde (uma vez que é a cópia de algo que já foi implantado) e que sobrevive pouco, até que um novo conceito apareça.

Também não é raro encontrar verdadeiras "assinaturas" de alguns escritórios de arquitetura e design, e algumas lojas acabam se tornando modelos muito próximos de outros modelos de sucesso já desenvolvidos pela mesma equipe. Assim como também não é raro encontrarmos a "assinatura do dono", onde o que impera não é o que os escritórios, consultorias ou até mesmo a equipe da empresa aponta como uma direção, mas, sim, o que o "dono" ou executivo máximo acredita ser melhor.

Não dá para chamar uma reforma ou simplesmente um novo projeto de loja-conceito ou *flagship*. Todo novo conceito deve basear-se primeiramente em uma estratégia, um rumo certo. Sua empresa precisa alcançar novos patamares, novos consumidores? Ou está buscando apenas um incremento nas vendas?

Uma boa estratégia ou posicionamento acaba se permeando por todo o conceito, solidificando-o junto ao seu público consumidor e perdurando muito mais do que algo solto, fracamente desenvolvido.

Mudar simplesmente por mudar, pouco vale a pena. Mudar para abrir novas fronteiras, conquistar novos mercados, novas possibilidades, aí, sim, é sempre mais interessante.

23 - O GERENCIAMENTO POR CATEGORIAS E A BUSCA POR SOLUÇÕES NO PDV

Quando falamos em merchandising e em estratégias para o ponto de venda, dois assuntos são sempre lembrados: o Gerenciamento por Categorias e a organização do PDV de forma a criar soluções aos clientes.

Os dois assuntos são interessantes, provocam resultados, mas se contradizem em alguns aspectos, conforme veremos mais adiante.

A maior tendência que temos assistido dentro do ponto de venda nos últimos anos é a busca constante pelo fornecimento não mais de produtos, e sim de soluções de consumo ao cliente. Assim sendo, as boas vendas hoje ocorrem quando o consumidor que busca por um determinado produto na loja tem a oportunidade de comprar todos os produtos complementares ao produto buscado, criando, assim, uma solução de consumo.

Um exemplo disso ocorre no varejo de construção: junto de produtos como pisos e revestimentos, é sempre possível encontrar louças e lavatórios, que, por sua vez, estão sempre juntos dos metais sanitários, e assim por diante, criando uma cadeia contínua de consumo. Num rápido olhar em uma seção como essa, é possível enxergar ou procurar todos os produtos correlatos. Todos ao alcance, todos com um potencial de compra maior.

No varejo de alimentos, a situação também se repete. Nos supermercados e hipermercados, os produtos são organizados em "mundos", como o "mundo dos eletrodomésticos", o "mundo dos doces" e até mesmo o setor de hortifruti tem seus produtos expostos como numa grande feira, criando a sensação de encontrar tudo o que você busca em um só lugar.

Mas como medir se os produtos estão expostos no local correto? Como saber se um produto vende mais em um local de exposição do que em outro? Quantos produtos são suficientes em uma gôndola para que a venda atinja o resultado esperado?

É para isso que foi criado o Gerenciamento por Categorias. Nascido nos supermercados, o Gerenciamento por Categorias nada mais é do que um grande diálogo entre o varejo e a indústria, aliando informação, estoques e reposições mais eficientes, redução de custos e, como consequência, melhoria no resultado final.

Em termos práticos, a indústria abastece a loja com local certo para exposição. O varejista repassa os dados e as análises de venda novamente à indústria. De posse dessa informação, a indústria novamente busca acertar exposição e localização, de modo a alcançar tanto o resultado esperado por ela, quanto o esperado pelo varejista.

Mas se parece tão bom, por que funciona tão pouco?

A grande questão é que, apesar do termo ter terminologia definida, varejo e indústria têm criado interpretações diferentes quando decidem aplicar a questão no ponto de venda. A indústria, visando sempre a maximização de sua marca sobre a dos concorrentes, busca um espaço cada vez maior e uma exposição que nem sempre condiz com a disposição de produtos e categorias de forma generalizada, tal qual desejada pelo varejista. Ao mesmo tempo, por total falta de controle ou por receio de vazamento de informações, o varejista se recusa a repassar os resultados à indústria. Sendo assim, o que deveria ter uma via de mão dupla acaba por funcionar apenas em uma das pontas.

Infelizmente, para muitos varejistas, Gerenciamento por Categorias é basicamente nomear o que é exposto em cada módulo ou prateleira de uma loja, sem nenhuma aferição real dos resultados. Muitas vezes o resultado é apenas avaliado como um "acho que está vendendo bem", sem levar em consideração o que realmente seria uma boa venda.

Do outro lado a indústria, com profissionais nomeados como "profissionais de trade marketing", mas que, em muitos casos, têm como único objetivo o ponto de venda, sendo na verdade "profissionais de merchandising", entende que Gerenciamento por Categorias significa um desenho ou planta com uma proposta de implantação de produtos em um display ou gôndola. Acreditem: isso não é raro.

Um dos maiores aspectos do Gerenciamento por Categorias é a questão do *push-pull*, ou seja, em vez de empurrar mercadorias ao varejista, a indústria tende a vender apenas o que o varejista necessita. Além disso, é criado todo um trabalho para tentar aprimorar a necessidade, mas nunca "empurrá-la". Propostas de implantação normalmente funcionam como um "empurrão" de necessidades. Um desenho genérico que serve a todos os varejistas, sem considerar nenhum critério regional ou sazonal.

Mas como solução e Gerenciamento por Categorias têm se contradito?

Se a solução muitas vezes visa abrigar produtos em função de necessidades, um dos aspectos mais fortes nesse sentido é a completa desconsideração pela questão marca. Os produtos são considerados pelo segmento ou finalidade que possuem.

Mas, quando falamos em Gerenciamento por Categorias, muitas indústrias e profissionais de *trade* têm como visão de negócio apenas os produtos de sua marca, sem levar em consideração as necessidades do varejista. Sendo assim, o grande problema que temos hoje é que, apesar do mercado oferecer boas tendências e novas oportunidades, mesmo quando é tentada a implantação, ideias antigas e ultrapassadas ainda impedem o sucesso e a obtenção do resultado esperado.

E você? De que lado está?

24 - OS QUATRO Ps E O VAREJO DE HOJE

Não dá para falar de marketing e, principalmente, de estratégia sem falar na famosa teoria que define o marketing mix, elaborada por Jerome McCarthy e conhecida hoje como os 4Ps (quatro pês).

Essa teoria engloba o composto de marketing, ou seja, o conjunto de atividades que uma estratégia de marketing deve englobar. Segundo McCarthy, uma boa estratégia de marketing deve levar em consideração quatro pilares (os famosos Ps): Produto, Preço, Praça e Promoção.

Mas, e no varejo de hoje, como se comportam esses quatro elementos?

Produto: podemos dizer hoje que o varejo pode caminhar por dois caminhos distintos: oferecer uma solução completa, com grande sortimento, como no caso dos grandes magazines ou hipermercados; ou, na contramão desse caminho, buscar se tornar especialista em apenas um produto, buscando sua excelência no mercado. Podemos também falar do caminho de alguns varejistas que, buscando preencher algumas lacunas em seu sortimento ou buscando fortalecer ainda mais a ligação de sua marca com seus consumidores, vêm buscando o lançamento de marcas próprias.

Preço: colocado sempre como algo incondicional ao varejo, o correto é fornecer um valor de mercadoria adequado à sensação de preço de seus consumidores, ou seja, sua valia. Entre a relação de marca x preços, não são os preços que criam valia às marcas, mas a qualidade dos produtos de marca que ditam quais serão seus preços.

Praça: quanto à praça pode-se ler tanto a questão da localização, quanto a questão do ponto-de-venda em si, dependendo do foco (indústria ou varejo). Quanto à localização, é nítido o esforço atual dos grandes varejistas em buscar novos formatos que permitam a operação em bairros ou cidades menores. Há uma grande dificuldade de encontrar, principalmente nos grandes centros, bons pontos comerciais. Quanto ao ponto-de-venda em si, vale a pena dizer que os PDVs atuais buscam mais do que ser apenas o local de exposição do produto, tentando ser um reflexo completo dos atributos e desejos das bandeiras (marcas), interagindo e buscando não apenas informar, mas se comunicar com seus consumidores. Uma via de mão dupla de troca de informações e aprendizado, visando sua constante evolução.

Promoção: é o sangue que corre nas veias do varejo, principal motor propulsor de boas vendas. Entretanto, busca-se, por meio de softwares e estudos específicos, cada vez mais oferecer promoções individualizadas e customizadas, que venham ao encontro do real interesse de seus consumidores. Comprou uma TV de alta definição? Que tal um desconto na compra de um aparelho de Blu-Ray, ou ainda um home theater?

25 - PREÇO É DIFERENCIAL?

Quando converso com lojistas, principalmente os que estão iniciando um negócio, muitos têm como ideal de diferencial vender barato. "Quero ser o mais barato" ou "Quero ser conhecido pelo melhor preço".

Até que ponto vale a pena ser barato? Será que preço é realmente um diferencial de mercado? Acredito que não. Na verdade, em algumas situações nem existe "preço".

Imagine a situação: você vai comprar material para construção na Marginal Tietê, em São Paulo, onde estão situados os mais fortes revendedores do País. Passa pela primeira loja e faz um orçamento. Se você continuar seu caminho, na segunda loja o preço será coberto. Na terceira loja, cobrirão o preço da segunda e por aí vai...

Claro que não é tão simples assim, caso contrário a primeira loja seria sempre um péssimo negócio, mas o caso serve para ilustrar que preço não é algo fixo, que possa servir de parâmetro.

Nem em uma feira, o tipo de mercado mais popular que existe, os preços são fixos ou determinantes. Escolhemos comprar a melhor oferta, mas nem sempre o primeiro preço, o que está estampado, é o melhor de todos. A mercadoria fresquinha, com cara de melhor qualidade, é que lhe atrai. O poder de pechinchar é o que ajuda na hora de fechar o negócio.

Se você se prende somente ao preço, pode ser que, mais cedo ou mais tarde, apareça um novo concorrente, com maior força de mercado e acabe com a única qualidade que você possui.

Quem trabalha somente preço está sempre trabalhando com margens reduzidas, apertadas e, por consequência, nunca investe em nada, nunca treina, nunca busca um diferencial. Acaba por depreciar o negócio.

Busque uma qualidade: Atendimento, Variedade,

Qualidade ou qualquer outra, mas seja diferente sempre.

Aliás, falando de estratégia, uma vez Philip Kotler definiu o posicionamento de mercado de uma maneira muito simples: ou você é diferente ou você é mais barato. Seja diferente! Vale mais a pena, mas nunca abra mão de ter um bom preço.

26 - POR QUE VOCÊ NÃO CONSEGUE VENDER MAIS?

2015 não foi um ano fácil. Para grande parte do varejo, foi um ano de repensar a operação e buscar entender o que pode ter acontecido com os clientes. O grande e verdadeiro desafio nos dias de hoje é não somente alcançar grandes volumes em faturamento, mas sim, buscar entender e atingir os potenciais máximos de cada negócio. É cada vez mais caro investir em novos clientes e cada vez mais difícil reter os que já temos. O grande desafio hoje, principalmente para redes em expansão, está em vender mais nas mesmas lojas.

Elenco abaixo alguns desafios que observo, conversando com os varejistas, e que podem prejudicar em médio e longo prazo a operação e o faturamento de um ponto de venda.

Identidade com seu público: o mercado está mudando de maneira cada vez mais dinâmica e em progressão aritmética. Temos cada vez menos tempo para nos adaptar aos novos hábitos de consumo de nossos consumidores. Há uma série de empresas a todo o momento se reposicionando e buscando novos mercados, procurando antecipar tendências e a conquista de novos clientes. Novas marcas e produtos surgem com a mesma velocidade com que outras morrem. A dica é buscar entender de maneira completa os anseios de seus clientes e como sua marca pode atender a tudo o que ele realmente precisa de maneira mais ampla. Não fique parado. Aja, fuja do quadrado.

Experiência de compra: comprar hoje é muito mais do que uma transação financeira que envolve pegar e pagar um produto. A loja é muito mais do que um local onde esse tipo de transação acontece. Os pontos de venda são hoje verdadeiros templos da marca, envolvendo o consumidor com os cinco sentidos e novas experiências. Seus consumidores estão cada vez mais exigentes e uma loja que ofereça um ambiente melhor do que o seu pode se tornar um grande diferencial para a decisão de compra. O que sua loja pode fazer de diferente? O que sua loja pode oferecer que nenhuma outra pode? Lojas onde o consumidor possa testar e experimentar seus produtos antes de comprá-los, experienciá-los ou ainda, de alguma maneira, ensinar ou passar alguma informação interessante ao futuro comprador podem ser grandes alternativas para um ambiente que promova uma ótima experiência de compra.

Mão de obra e atendimento: a reclamação mais frequente no varejo atual é que nunca houve tantos problemas em não somente contratar com qualidade, mas também em reter os grandes talentos. Optar por trabalhar no varejo é a escolha de poucos, já que a maioria não quer perder finais de semana e feriados, nem prefere trabalhos de remuneração variável, quando a indústria e o setor de serviços, por exemplo, oferecem opções de emprego com escala mais confortável e rendimentos mais estáveis. Outra questão complexa é a concorrência no próprio varejo. Muitos varejistas se queixam de treinar seus melhores talentos e os verem indo para a concorrência pouco tempo depois, com apenas pequenas diferenças de rendimento. Troca-se de empresa por muito pouco.

Preço: não deve ser um diferencial. Pode ser uma característica de seu negócio, mas não deve ser um norte, nunca. Conforme as questões acima listadas, no longo prazo o preço deixa de ser um item de preferência de seus consumidores. Os clientes têm buscado mais do que isso, e as marcas, antes apoiadas, nesse alicerce hoje necessitam de mais esforço para se reposicionar e reconquistar mercados.

27 - 7 DICAS QUE O VAREJO PODE APRENDER COM OS VENDEDORES AMBULANTES

Em um desses longos períodos que ficamos presos no trânsito das metrópoles, é praticamente impossível você não se deparar com algum vendedor ambulante, aproveitando o caos e confusão do trânsito das grandes cidades para ganhar o pão do dia a dia.

Mais que simples vendedores, são empreendedores pela necessidade e que vendem de tudo um pouco, de refrigerantes e guloseimas a acessórios para celulares. E quando falamos em vendas, eu acredito que há muito não somente a se observar, mas principalmente para aprender com eles.

1) Metas?

Na rua não há meta de vendas. Um dia ruim de vendas pode até significar faltar comida no prato. A causa e o comprometimento em vender e chegar no resultado (vender tudo) é único, e tudo o que for interessante para se vender mais em um mesmo dia é interessante. Que tal a porta do estádio no dia do jogo de futebol ou no dia de um show de rock?

2) Rápida adaptação ao mercado

São flexíveis às necessidades dos clientes. Chovendo? Vamos vender guarda-chuva. Abriu o tempo, que tal uma "sombrinha"?

3) Antenados no mix

O que as pessoas procuram hoje? Carregadores de celular? Porta-objetos? Bandeira do time no dia da final do campeonato? Quem souber se antecipar ao desejo do consumidor, ou se adaptar a uma nova moda primeiro, lucra mais!

4) Estoque "just in time"

Muitos vendedores compram no próprio dia o que pretendem vender nas horas seguintes. Entendem a demanda como poucos e buscam comprar estritamente o que é possível vender no dia.

5) Vale tudo para chamar a atenção

Vale tudo para ganhar a atenção das pessoas nos rápidos intervalos no trânsito. Cantar, berrar ou até mesmo usar roupas e acessórios diferentes para cativar o público. Quem chama mais a atenção tem mais chances de vender.

6) Barganha

Pouco praticada no varejo brasileiro, vendedores ambulantes são mestres na arte da barganha. Preço não é algo que apenas se define. O vendedor tem que chegar "rapidamente" no melhor negócio para o consumidor. Se por R$ 10 está caro, que tal por R$ 7,00? Leva três por R$ 15,00 e então estamos fechados!

7) Todo mundo é um cliente em potencial

Se você demonstrar o mínimo de atenção sobre um produto que está sendo vendido na rua, tenha certeza que o vendedor irá procurá-lo e tentar de tudo, principalmente barganhar para convencê-lo a comprar. Todos os carros ou pessoas passando pela calçada são clientes em potencial. A venda pode sair de qualquer lugar. Na rua não há "estou apenas dando uma olhadinha".

Vendedores ambulantes são os nossos "retail heroes" do asfalto.

28 - MARKETING DE VAREJO

Diferente do marketing tradicional, focado nos aspectos da marca e do produto, o marketing de varejo tem como seu principal diferencial a maneira como se comunica com o consumidor, muitas vezes descrevendo pouco sobre os produtos em si, preocupando-se principalmente em destacar uma ocasional oferta ou preço promocional.

No Brasil, um dos principais conceitos utilizados na abordagem do consumidor é a chamada "sensação de oportunidade única". Desde os splashes e cartazes até a propaganda veiculada nos grandes meios de comunicação, como rádio e televisão, diariamente somos bombardeados com promoções que enfatizam slogans e frases de efeito como "Agora ou Nunca", "É só amanhã", "Termina neste final de semana", e por aí vai. Todas essas frases têm como intuito criar uma sensação de oportunidade única na mente do consumidor, levando-o a tomar uma decisão rápida, e muitas vezes não planejada, de adquirir o produto, devido à disponibilidade imediata, à condição única de pagamento ou ao preço extremamente atrativo.

Uma das principais "armas" de comunicação, principalmente para o comércio popular, tem sido o chamado tabloide de ofertas, um impresso que ganha diferentes formatos e conteúdos de acordo com o posicionamento e a reserva de investimento da empresa. De simples folhinhas a verdadeiras revistas, buscam informar o consumidor sobre ofertas e produtos durante um determinado período.

Mas será que o uso de tabloides ou de uma propaganda comercialmente agressiva é suficiente para conquistar o cliente? Vender ao consumidor pode até ser considerada uma tarefa fácil, mas cativar ou conquistar definitivamente o consumidor é uma tarefa extremamente difícil.

Os esforços das mídias de varejo têm como foco apenas o consumidor no tempo presente. Querem que ele compre imediatamente, esquecendo completamente de buscar estar presente sempre na vida do consumidor e se tornar um verdadeiro parceiro. Para muitos lojistas, cliente bom é apenas aquele que compra hoje.

Um caso muito interessante é os das lojas que ainda se utilizam de carnês de pagamento. Em muitas delas, não é possível o pagamento de uma fatura senão dentro do próprio estabelecimento. O simples retorno de um mesmo cliente à loja todo mês acaba resultando na possibilidade de, mensalmente, poder vender um novo produto a esse novo cliente. Na maioria das vezes, os clientes costumam emendar o início de uma nova compra com o término de outra. "Agora que terminei de pagar, posso comprar mais."

Os cartões fidelidade, principalmente os que oferecem descontos ou formas de pagamento mais vantajosas e não cobram anuidade, são excelentes ferramentas de retorno. Infelizmente, muitos varejistas viram a questão do "private label", como são chamados os cartões de marca própria, como uma nova fonte de recursos. Com o passar do tempo, só funcionam como ferramentas de retorno os cartões que efetivamente souberem atrair constantemente o cliente ao PDV, oferecendo possibilidades que dificilmente seriam obtidas sem seu uso.

O varejo brasileiro encontra-se em um processo de transição, que ainda não apresenta data certa para terminar. Aos poucos, lojistas e profissionais do varejo têm percebido que não é apenas o preço que encanta o consumidor, e que, quando bem posicionados em termos de estratégia e foco, desenvolvendo produtos e serviços que agradem ao seu consumidor, o preço passa a ser um fator secundário e o lojista passa a ver lucros maiores.

Ainda é difícil se posicionar no mercado apenas buscando passar valores ao consumidor. No mundo do varejo, estar na mídia somente com publicidade institucional é perder mercado. A comunicação cada vez mais vem buscando dosar o equilíbrio entre uma mensagem institucional (que cria valor à marca) e uma mensagem promocional (que cita preços e ofertas).

O valor vem sendo criado principalmente pela criação de serviços. Cada vez mais não existe venda de produtos sem a venda de serviços. De entregas rápidas e assistência técnica, até mesmo passando pela criação de serviços que independem de comprar alguma mercadoria, como cursos ou espaços de lazer, os varejistas têm buscado se diferenciar no mercado apostando em segmentos específicos de público, como idosos, jovens ou mulheres, ou em novos hábitos de consumo, visando acompanhar o ritmo de vida de seus consumidores.

Um fato que vem mudando bruscamente no mercado é exatamente o posicionamento estratégico dos varejistas, de modo a saber se comunicar de maneira adequada com seu consumidor. Algumas bandeiras de supermercado têm criado empresas secundárias, de modo a se estabelecer em diferentes regiões de uma cidade buscando atender a diferentes perfis de clientes. Atende-se desde um cliente de classe C em uma bandeira, até um cliente de classe A com outra bandeira. Com mix de produtos, serviços e ambiente de loja completamente diferentes, buscam interagir e criar sinergia junto ao seu público consumidor.

29 - ESSE TAL DE ENGAJAMENTO...

De uma maneira ou outra, seja diretamente ou indiretamente, o varejo parece ter descoberto que não é mais possível focar apenas em conquistar os clientes; a palavra de ordem é engajar, fazendo com que todos, sejam colaboradores, shoppers ou consumidores, levantem as bandeiras das marcas.

A situação atual talvez explique em boa parte porque o varejo está tão "engajado" em "engajar" a todos. Em crise, o varejo busca forças para se reerguer. Boa parte dos discursos se direciona à redução da carga tributária e à busca de um maior engajamento (olha a palavra aí novamente) de todos os varejistas, de modo a buscarem um mesmo objetivo: recuperar mercado. O varejo é hoje um dos grandes motores da economia, sendo responsável pelo emprego de mais de 25% da força de trabalho.

O engajamento também pode ser visto por outra ótica: a do engajamento de funcionários, verdadeiros porta-vozes das marcas, e não somente na linha de frente (o ponto de venda, a loja), como também nas redes sociais. O grande responsável pelas mídias sociais de uma empresa não é uma única pessoa, mas sim todos os que atuam na companhia. Como é possível só uma pessoa ser responsável pelo perfil da empresa no Facebook, por exemplo, se praticamente todos seus funcionários hoje possuem um perfil, atuam, navegam e discutem no mesmo ambiente?

A necessidade de engajamento se mostra presente em todos os pontos de contato da marca, seja com seus colaboradores, seja com seus consumidores, seja com a comunidade na qual está inserida. Sua empresa está engajada o suficiente?

30 - COMPRA POR IMPULSO X COMPRAS DE DESTINO

Provavelmente você ouviu a respeito de compras por impulso e provavelmente até saiba o significado da expressão. Já sabe que tem a ver com todas aquelas "coisinhas" que você encontra próximo ao caixa de um supermercado, como pilhas, balas, aparelhos de barbear e revistas. Quando falamos de compra por impulso, falamos de produtos que não fazem parte da lista de produtos essenciais de uma loja. São produtos que o cliente não pensa em levar ao entrar no estabelecimento, mas cujo merchandising e exposição são trabalhados de modo a fazer com que esses itens também façam parte das compras.

Estamos falando de produtos que nunca poderiam estar junto à entrada de uma loja. São produtos que devem ser vendidos de duas formas: ou em departamentos ligados a produtos essenciais (como pacotes de queijo ralado em um gancho de cross-merchandising junto às latas de molhos de tomate) ou, na forma como são mais presentes, dispondo esses produtos junto ao momento de saída do cliente. Para isso, utiliza-se um equipamento chamado check-stand. É aquela gôndola colocada junto ao caixa da loja e que apresenta produtos que podem estar em seus departamentos de origem (como balas e chicletes), mas que também podem estar expostos nesse equipamento de modo a impulsionar a compra.

Não necessariamente os produtos precisam estar em

um check-stand. Com o sucesso dos caixas rápidos e o aumento do consumo de conveniência (gente que entra em um supermercado apenas para comprar as guloseimas do dia ou a cervejinha do final de semana, por exemplo), os supermercadistas criaram o conceito de corredores formados por cestos e vascas, dispondo uma série de produtos de impulso. Ideia interessante e prática, uma vez que, além de aumentar a venda por impulso, organiza melhor a loja na hora das filas.

E os produtos de destino, o que são?

Comparados aos produtos por impulso, os produtos de destino têm propriedades totalmente contrárias. Produtos de destino são aqueles que você sabe que serão encontrados na loja, produtos que você entra na loja à procura. Todo mundo sabe que toda padaria tem pão. Você não precisa necessariamente de um grande espaço de exibição para o pão.

Quando falamos de supermercados, estamos falando de produtos como arroz, feijão, carnes e padaria, e quando falamos em materiais para construção, falamos em tijolos, cimento e demais materiais básicos.

E como podemos utilizar essa informação? Se os

produtos de impulso têm seu local correto, produtos de destino devem ser colocados nas extremidades da loja, de preferência ao fundo, de modo a fazer seu cliente percorrer toda a loja. Use esse percurso do cliente para apresentar novidades e produtos em oferta. As chances de aumentar suas vendas por impulso serão maiores.

Uma coisa está ligada à outra. Um bom trabalho de categorias destino pode levar a um aumento dos produtos de impulso.

31 - UMBIGO DO PATRÃO NO BALCÃO

Qual é o sonho de um proprietário que começa um negócio? Que ele dê certo, não é?

Mas qual é a primeira coisa que o patrão deseja, assim que o negócio começa a ter algum sucesso? Se ausentar um pouco, curtir mais os finais de semana, aproveitar um feriado prolongado, e por aí vai.

Nenhum problema em ter esses desejos, mas conheço muitas empresas em que, mesmo mantendo as portas abertas no final de semana (onde temos mais movimento), dificilmente se vê o patrão nesses dias.

Uma das melhores lições que aprendi na vida é a seguinte: "só se cobra aquilo que se ensina". O grande problema é esse. Na maioria dos casos, o "patrão" abandona a loja aos seus funcionários e, em seu retorno, cobra que eles fizeram tudo de maneira errada.

Se você não consegue "criar" um novo gerente ou contratar alguém competente o bastante, não adianta reclamar. O negócio, mesmo que já sob responsabilidade de um bom gerente ou supervisor, deve sempre ser observado pelo patrão.

Não importa o quão grande seja sua empresa ou quantas lojas tenha, é necessário ver o que acontece o tempo todo, andar mais pela loja, falar sempre com os clientes, conhecer os problemas de hoje e os que possivelmente possam aparecer. Se antecipar e procurar resolver.

E fica uma lição: não existe super-herói, não existe ninguém insubstituível, nem mesmo você. O que existe é funcionário maltreinado ou mal informado.

Instrua e construa.

32 - QUANDO O VAREJO VIRA A SALA DE ESTAR

Já repararam que, quanto maior a loja, mais ela parece um espaço de estar do que uma loja propriamente dita? O varejo é, cada vez mais, um vendedor de soluções, não mais um vendedor de produtos. As pessoas buscam, em um mesmo espaço, resolver tudo de uma vez só, não importa o segmento, não importa de quais categorias de produtos estamos falando. Em uma loja de materiais para construção, por exemplo, as pessoas querem escolher tudo para a casa no mesmo espaço. Se possível, não querem ter de escolher o revestimento em uma loja e a cor das paredes em outra. Lojas que oferecem as opções completas (com variedade e qualidade) vêm ganhando a preferência do consumidor.

Pensando dessa maneira, podemos perceber que a área de vendas de uma loja deveria ser rápida, dinâmica, de uma maneira que o consumidor mal precisasse entrar na loja. Entrar-comprar-sair seria a diretriz básica de qualquer loja voltada ao cliente.

Nesse exato momento, estou dentro de uma cafeteria, localizada dentro de uma livraria, dentro de um shopping em São Paulo (um espaço dentro de um espaço dentro de um espaço). Não vim ao shopping para fazer compras: vim para passar o tempo, esperando acalmar um pouco o trânsito louco da cidade, para que eu possa ir até meu destino com um pouco mais de tranquilidade.

Shoppings centers, principalmente os de perfil mais popular, atraem cada vez mais pessoas dispostas apenas a passear. Saber agarrar o cliente e ofertar corretamente é a grande chance que os lojistas têm de transformar pessoas "a passeio" em clientes reais.

As lojas grandes vêm se tornando locais de passeio para os clientes. Locais de estar. Na livraria em que estou nesse momento, estou tomando um café e acessando a internet, mas poderia estar lendo a revista da semana, por exemplo. Se eu me interessar por ela, compro. Costumo adquirir, com certa voracidade, livros e revistas de design e arquitetura. Não há como comprar um livro cujo conteúdo seja formado por imagens sem folheá-lo! Lojistas muitas vezes trancam e encapam produtos imaginando que estão prevenindo perdas. Quanto será que estão perdendo? Quanto a mais venderiam se deixassem os clientes ler à vontade?

Também vejo fenômenos parecidos em hipermercados, principalmente aqueles que oferecem, além de grande variedade de produtos, horários de atendimentos extensos, em muitos casos 24 horas por dia. Já reparou como as pessoas gostam de comprar durante a madrugada? Casais comprando frutas para um café da manhã, jovens comprando salgadinhos e doces depois da balada, ou mesmo pessoas que não têm tempo para comprar durante o dia e que preferem fazê-lo durante a madrugada, quando tudo é muito mais calmo.

Para algumas pessoas, supermercados próximos de casa são como extensões de suas residências, uma espécie de despensa onde é só passar pelo caixa antes de consumir. Supermercados têm mudado seus modelos de loja, em alguns casos se baseando completamente nos serviços de conveniência ao cliente. Em muitos supermercados, é possível consumir produtos no próprio local.

E quem imaginaria anos atrás que os antigos depósitos de materiais para construção se transformariam em incríveis templos de casa e decoração? Um exemplo disso é passear por uma das lojas de móveis Etna, em que só a forma de "percorrer" a loja já vale o passeio. Lojas como C&C - Casa e Construção oferecem a seus clientes serviços como cyber cafés, espaço para recreação e atendimento em espaços especializados, tudo para transformar o prazer de comprar também em entretenimento.

Decatlhon, Fnac, Livraria Cultura e Tok&Stok, entre tantas outras, representam uma série de lojas e formatos criados de maneira não só a cativar a preferência dos consumidores, mas também de criar o hábito de entreter.

33 - NÃO IMPROVISE: TRABALHE SUA MARCA

Não importa o tamanho de sua loja ou estabelecimento, a diferença entre começar pequeno e começar grande pode estar em apenas um detalhe: o valor que você dá à sua marca.

Se você abriu seu comércio sem pensar em sua marca, sem ao menos o cuidado de dar um nome à sua loja, então não leia as palavras a seguir. Dedique-se a criar sua marca. Não existe uma só loja que tenha se tornado forte sem possuir uma marca forte. Para se ter uma ideia, há empresas cuja marca é o ativo mais valioso, como Coca-Cola e Nike.

Para quem pelo menos iniciou da maneira correta o negócio, pensando em marca, logotipo, o grande problema que vejo em lojas pequenas é o completo descaso na hora de informar, de precificar. Se faz muitas vezes de qualquer maneira, de qualquer jeito, uma folha de sulfite e uma caneta na mão. Na maioria das vezes o resultado é desastroso.

É fácil encontrar uma situação em que não haja nenhum padrão na maneira de escrever, na maneira de comunicar, no tipo de papel ou splash que se usa para divulgar, nem ao menos nas cores que se utiliza!

Em um mundo perfeito, o correto é que a empresa decida e busque uma padronização para todo tipo de informação que sua loja for utilizar: dos preços dos produtos à informação de legislação obrigatória que você terá de usar.

O melhor caminho é um bom projeto de comunicação visual, com a aplicação de bons materiais de acordo com sua marca e com o posicionamento de sua empresa. Entretanto, no mundo real, temos que trabalhar situações possíveis. Se dentro de suas possibilidades do momento não há a menor chance encomendar um projeto de comunicação visual, utilize ferramentas básicas para criar um bom visual.

Um bom processador de textos, como o Word, e uma impressora já conseguem criar um bom resultado. Escolha um tipo de fonte (um tipo de letra), decida qual a cor e o tamanho que elas vão ter, qual o tamanho necessário para que seja visível para seus clientes. Decida e nunca mais abdique de sua escolha. Em qualquer folha que for imprimir, faça valer o padrão e sempre utilize as fontes/cores escolhidas. Imediatamente você irá notar a diferença no visual.

Outro passo que pode ser dado e ajuda a valorizar mais ainda a marca é mandar rodar em uma gráfica folhas com seu logotipo ou uma mensagem impressa. A uma proporção de custo x benefício razoável, sua marca ganha ainda mais força.

Alguns truques visuais como esse e seu cliente o verá com novos olhos. Em vez de começar pequeno, comece grande.

Parte 04
—
VENDAS & ATENDIMENTO

INTRODUÇÃO

Saber o básico do PDV é importante, analisar as tendências garante o futuro e cuidar da gestão é essencial para garantir a competitividade das empresas. Mas nada disso adianta se, na hora da verdade, o atendimento for descortês, insensível ou mesmo indiferente. Varejo se resolve nos detalhes, e os detalhes do atendimento fazem toda a diferença.

Neste capítulo você verá que, mesmo em vendas B2B, na verdade sempre vendemos para pessoas. Mostrarei como garantir a satisfação dos clientes, como cuidar do pós-venda, como ultrapassar as objeções mais frequentes e como engajar a equipe para que ela esteja realmente interessada em fazer com que o cliente saia satisfeito (isso deveria ser o básico, não é?).

Colocar este capítulo por último no livro foi proposital. Depois de passar pelo básico, pelo macro e pela ciência, vamos falar de gente, porque gente é o que faz o varejo acontecer. Não adianta o visual merchandising mais maravilhoso do mundo, a colocação de equipamentos que permitem medir tudo o que acontece na loja, ou estar alinhado às grandes tendências mundiais se, na hora em que o cliente decide ir ao seu PDV, as filas são imensas, a equipe está desinteressada ou fica batendo papo no Facebook.

Varejo se resolve no olho no olho.

1 - NEGÓCIOS SÃO FEITOS ENTRE PESSOAS, NÃO ENTRE EMPRESAS

Uma das grandes lições sobre vendas, senão a maior, se resume a uma frase: nenhum negócio é feito entre CNPJs, e sim entre CPFs. Se sua empresa deseja vender seu produto ou serviço para outra empresa do mercado, esse é, de fato, um negócio do tipo B2B, ou seja, "empresa com empresa".

Agora imagine que na reunião de apresentação deu tudo errado. Imagine que seu desempenho durante a apresentação não conseguiu motivar a pessoa do outro lado à compra. Por mais que o produto ou o serviço até fossem adequados, o que você apresentou (ou deixou de apresentar) não causou o efeito ou o resultado esperado.

Mas e se fosse um amigo ou um grande conhecido dessa pessoa (o comprador) que tivesse apresentado o mesmo produto ou a mesma ideia, e até mesmo com o mesmo desempenho? Você acredita que seria diferente? Você acredita que seria possível uma nova chance ou deixar de lado alguns aspectos que não agradaram na primeira apresentação?

Mesmo num ambiente objetivo e profissional, com certeza a avaliação seria mais "amigável".

O primeiro passo de uma boa venda é a empatia: mostrar que se importa com a pessoa que está do outro lado e não a vê somente como uma porta de entrada para novos negócios.

O quanto você realmente se interessa em conhecer e entender seus contatos comerciais? O quanto você consegue realmente se conectar e trabalhar seu networking com todos que o cercam? O quanto você consegue desenvolver novas conversas ou ser agradável com novas pessoas?

Não se trata de ser arroz de festa, brincalhão, excessivamente simpático ou coisa do gênero. Principalmente em nosso país, empatia e confiança andam juntas. E ninguém faz negócios com quem não confia.

Também não adianta se abastecer de informações sobre por qual time o comprador torce, qual a banda de rock favorita dele e coisas do gênero. O excesso de curiosidade hoje não somente não impressiona, como soa falso.

Mas também há uma grande oportunidade, mesmo que tudo tenha dado errado num primeiro momento. Imagine novamente o primeiro caso apresentado.

Imagine a situação: quando você apresentou (e não foi bom), o contato do outro lado (o comprador) era um. Passado algum tempo, você descobre que a pessoa não ocupa mais o cargo e que há uma nova pessoa na empresa. Como negócios são feitos entre pessoas, e não entre empresas, você tenta novamente o contato e, surpresa! Obtém uma nova chance.

Se ainda tiver sorte (e uma boa rede de relacionamentos), e por um acaso o novo comprador for um conhecido ou amigo, suas chances de uma nova visita serão ainda maiores. Então, nada nunca está perdido para sempre quando falamos de negócios!

A única exceção a essa regra são os leilões eletrônicos, totalmente impessoais, onde se tem contato restrito ou nenhum, tal como manda a regra. Nesse caso, o que manda mesmo é um menor preço ou a melhor qualidade de seus produtos e serviços, de acordo com o que a empresa solicitante estiver procurando. Dessa forma, também acredito que, mesmo perdendo uma oportunidade, novas possibilidades naturalmente aparecem, desde que a empresa seja qualificada para a disputa do leilão. O processo não depende de pessoas.

Se pensarmos no mundo do varejo, em que lojas possuem vendedores, restaurantes possuem garçons ou em qualquer outro caso no qual as marcas possuem intermediários entre seus produtos e seus consumidores, o princípio é o mesmo. Duvida? Você vai a uma loja e um vendedor superatencioso vende um novo produto. Você comprou, pois gostou do atendimento DAQUELE vendedor. Ele soube convencê-lo (e foi um negócio entre pessoas e não empresas).

Porém, passado algum tempo, você percebe que foi enganado e que o produto de fato é uma porcaria, bem abaixo em qualidade do que lhe foi oferecido por AQUELE vendedor. Não importa o tamanho da empresa que esse vendedor trabalhe ou o quanto a empresa tenha investido em treinamento, todo o esforço de ganhar o consumidor foi perdido, pois devido ao mau vendedor, talvez ele nunca mais compre na loja. E se bobear, ainda espalha negativamente a notícia.

É por essas e outras que, nas grandes empresas há um grande esforço para padronizar o atendimento. Não somente visando criar uma qualidade exemplar ou única, mas para que seja possível oferecer um nível mínimo de qualidade.

Então para ser um bom vendedor, não se esqueça: seja você, seja único. Defenda aquilo de que gosta e em que acredita. Pense que uma conversa de vendas, tal como deveria ser qualquer conversa, deve ser, mais do que tudo, natural. Pense em criar mais do que contatos, criar amigos. Algumas vezes você não terá sucesso, mas terá conhecido um monte de gente bacana e verdadeiramente interessante no seu caminho.

Pense nisso.

2 - ATENDENDO UM CLIENTE VIP

É interessante como as pessoas pensam em exclusividade e mordomias quando se fala em atender clientes VIP. Bebidas com bolhinhas, espaços reservados e sofás confortáveis são sempre teclas batidas quando o assunto vem à tona.

Um VIP precisa, assim como todo mundo, de apenas uma coisa: um bom atendimento.

Sentir-se confortável e bem-atendido deveria ser premissa básica de qualquer varejista. No livro "O gênio do marketing", o autor Peter Fisk comenta sobre a rede de cafeterias Starbucks. O grande negócio da Starbucks é ser "o terceiro lugar" de todo cliente: o consumidor tem sua casa, seu trabalho e a Starbucks. Ambientes, iluminação e até mesmo a música são idealizados de modo que o cliente se sinta confortável o tempo todo e fique à vontade por quanto tempo desejar.

Ser VIP não significa ser tratado de maneira totalmente diferente. Quando você simplesmente compra seu cliente, investe apenas naquela transação, pois, na próxima, a oferta de seu concorrente pode ser melhor do que a sua. Quando você ganha seu cliente, ganha também tem sua fidelidade.

Já ouvi muitos casos de celebridades e pessoas de alto poder aquisitivo comprando. As mais sábias gostam de ser tratadas como pessoas comuns, mas não abdicam de serem tratadas bem, como todos os outros.

O que aumenta é apenas o nível de cobrança. Acostumadas com bons serviços, percebem e se frustram "nos detalhes" de um atendimento. Não adianta um ambiente bonito ou uma sala com ar-condicionado se, na hora de aprovar o crédito, você reserva ao seu VIP a mesma burocracia dos demais clientes.

O interessante é que ele seja bem-tratado, o que é cada vez mais raro hoje em dia. Infelizmente, quando falamos em atendimento, falamos de cargos e salários de base, normalmente ocupados por pessoas que não entendem o valor de um cliente para uma loja. Pessoas que não pensam em cliente pensam somente em emprego.

Acredito que o segredo para um atendimento VIP está nas qualidades de quem irá atendê-lo. Saber se portar, conversar e orientar faz toda a diferença.

Esqueça as bebidas borbulhantes e concentre-se no atendimento!

3 - O PROBLEMA É SEU

Muito se fala sobre atendimento e sobre como se deve cativar um cliente. Quando falamos em atendimento, sempre imaginamos o foco no momento da venda ao consumidor, no momento em que ele está em nossa loja comprando.

Entretanto, um bom atendimento não se limita apenas a um "bom dia" na entrada ou a um "volte sempre" na saída.

Você alguma vez já parou para analisar o quanto de atenção dá aos clientes que surgem com problemas ou reclamações?

Vamos nos imaginar como seu cliente comprando em sua loja: fazemos a compra, somos bem atendidos mas, por uma infelicidade, na hora da entrega uma das peças veio com algum tipo de problema ou defeito.

Num primeiro momento, não culpamos a loja, afinal ela apenas revende o produto. Vamos então ao ponto de venda e pedimos uma solução para o problema. Qual é o seu desejo nesse momento?

Você deseja um atendimento atencioso e que resolva o mais rápido e com os menores transtornos possíveis.

O que você encontra? Atendentes desconfiados, que imaginam que o defeito da peça é de total responsabilidade sua; e esperas infernais, passando quase sempre pelo "isso é de responsabilidade do fabricante do produto, contate a assistência técnica". Qual a imagem que você começa a ter da loja?

Será que eu só mereço atenção enquanto estou gastando?

Fidelizar os clientes é um processo longo e difícil, que não depende apenas de um mesmo cliente comprando sucessivamente em sua loja. O atendimento que você dá ao seu cliente nos intervalos dessas compras é tão ou até mais importante que a venda em si.

No momento que estão comprando, e dependendo de quanto estão comprando, a qualidade do atendimento é fator obrigatório. Nenhum cliente que está comprando bem ou que já é um cliente habitual aceitaria um mau atendimento. Mesmo sendo um cliente frequente, um mau atendimento poderia afastá-lo permanentemente.

Imagine aquele restaurante que há tempos você gosta de ir com sua família. O dia em que você ou alguém passar mal com a comida, você verá o restaurante da mesma forma? Pensará em voltar nele?

Tome os problemas para si, mostre aos seus clientes o quanto é possível ser prestativo num momento em que o cliente já espera aborrecimento e frustração. Surpreenda-o.

Não há problema que não possa ser resolvido. Não há questão que não possa ser agilizada. Se for um problema que demande mais tempo que uma simples troca de produto no balcão, não minta: aja com prazos plausíveis e infalíveis. Não há nada pior do que um problema sobre outro problema. Se houve o defeito, há compreensão. Mas se há atraso na resolução, não há justificativa.

O problema é seu. Assuma os problemas e conquiste seus clientes.

4 - GARANTINDO A SATISFAÇÃO DE SEUS CLIENTES

Muito se fala sobre conquista e fidelização de clientes. Em todo momento surgem novos conceitos e ideias mirabolantes visando o principal fator que leva os consumidores à preferência e constância de compras em sua loja:

a satisfação.

Quando falamos na busca da satisfação dos consumidores, muitos profissionais buscam métricas ou modelos para aperfeiçoar ou atingir melhores índices ou números, quando, na verdade, a satisfação de um consumidor deve consistir somente em uma coisa: atender às expectativas dos consumidores e, na medida do possível, superá-las.

Quando possuem interesse em adquirir um produto, os consumidores buscam nada menos do que:

(1) encontrar o produto;

(2) se informar (tirar dúvidas);

(3) comprar;

(4) receber pelo que compraram;

(5) no caso de problemas, ter assistência.

Esses são processos que se complementam e compõem a cadeia de consumo. Quando o cliente está satisfeito durante todos esses processos, é muito provável que ele volte a comprar no mesmo local. A partir do momento que algum desses processos apresenta alguma falha ou gera uma insatisfação, o ciclo é quebrado e provavelmente o consumidor não voltará a comprar. Apesar de parecer simples, a maioria dos motivos de insatisfação dos consumidores está centrada em um desses processos, seja a falta de um determinado produto (ou do tamanho, ou da cor que o consumidor gostaria, por exemplo); a falta de treinamento ou qualidade de atendimento de seus vendedores e atendentes; os processos de compra, com filas longas ou cobranças indevidas; a demora ou falha do sistema de entrega; ou, ainda, a pior de todas: o tratamento diferenciado entre o momento da compra e o momento da troca.

Lojistas devem entender que o processo de satisfação de um cliente não termina na boca do caixa e que um bom atendimento no momento da troca, por exemplo, pode ser um grande fator de diferenciação em relação à concorrência, favorecendo a escolha e fidelização por parte do consumidor.

A principal característica de uma boa loja é PROMETER SOMENTE AQUILO QUE SE PODE CUMPRIR. Prazos de entrega fantásticos que não possam ser cumpridos no momento da entrega ou taxas de juros que sejam menores do que as reais, apesar de parecerem vantajosos atrativos, podem funcionar como um verdadeiro "tiro no pé" do lojista.

O grande segredo de manter a satisfação de seus clientes não está em contar com um planejamento mirabolante, mas em cumprir com seus deveres corretamente.

5 - NUNCA FIQUE COM O NÃO

"Nunca fique com o não" é uma das mais poderosas ferramentas de atendimento e vendas, e, ao mesmo tempo, serve em muitos outros tipos de situações. Veja o exemplo:

Consumidor: "Olá, você tem esse produto na cor laranja?".

Vendedor: "Não".

A resposta do vendedor pode acabar imediatamente com o processo de compra. Ciente de que o cliente queria a cor laranja, o vendedor lhe informou que não a possuía e encerrou o assunto com um "não tenho, não posso lhe ajudar".

Agora veja de outra forma:

Consumidor: "Olá, você tem esse produto na cor laranja?".

Vendedor: "Eu acho que laranja talvez eu não tenha, mas você gostaria de ver as outras opções que eu tenho? São muito interessantes".

Consumidor: "Er...não sei, deixe eu dar uma olhada".

Viu como funciona de maneira diferente? Em vez de simplesmente encerrar o assunto, o vendedor lhe deu uma segunda opção, antes mesmo que o consumidor pensasse nisso. Supondo que o cliente não quisesse abdicar da cor laranja e respondesse "não" ao vendedor, quem disse "não" foi seu cliente, nnao seu vendedor, nem você.

Quando o "não" está sempre com você, sua loja não oferece ao seu consumidor o que ele precisa. Quando o "não" está com seu cliente, fica sempre na mente dele: a loja deu possibilidades, o cliente é que não aceitou.

Pratique não ficar com o "não". Dê sempre uma segunda alternativa, uma segunda opinião. Em uma reunião, por exemplo:

Cliente: "Você pode me atender às 15h?".

Vendedor: "Às 15h não posso, mas pode ser às 16h?".

Viu como quando você oferece possibilidades, fica mais fácil?

6 - VAREJO ELETRÔNICO: ONDE VOCÊ ESTÁ?

O que antes era tido apenas como um modismo ou apenas uma questão de "estar em todos os lugares" para algumas empresas, hoje está mais do que consolidado como um universo, um terreno, uma nova região a ser explorada. Estamos falando do varejo eletrônico (e-commerce). Onde você está?

O retrato do varejo brasileiro na internet é bastante peculiar. Dos varejos que possuem qualquer tipo de referência na internet, que variam de um site próprio (www.loja.com.br) a uma página hospedada em algum portal do segmento ou regional (www.portal.com.br/loja), poucos utilizam a internet não apenas como um catálogo ou lista telefônica mais atualizada, e sim como um verdadeiro canal de vendas.

Os números do varejo eletrônico brasileiro são animadores. Mesmo com uma crise assolando o mundo, o e-commerce apresentou um crescimento de cerca de 26% nas vendas do Natal de 2015, em relação a 2014, chegando a R$ 7,4 bilhões, segundo estimativa da E-bit. Foram feitos 17,6 milhões de pedidos e o tíquete médio, de R$ 420,08, teve uma elevação de 16% em relação ao ano anterior.

Grande parte do crescimento do setor nos últimos anos deve-se ao aumento da presença das classes C, D e E, que, com maior poder de compra e financiamentos vantajosos, puderam ter acesso a bens de consumo como celulares, notebooks e computadores.

A ascensão dessa parcela da população ao mundo virtual talvez fosse o motivo esperado para lojistas pequenos finalmente entrarem na internet. Se antes apenas consumidores de classes A e B compravam pela internet, hoje consumidores de classes mais populares vão à Internet principalmente atrás de preços mais atrativos, com o auxílio de ferramentas de comparação de preços ou em sites de leilão, que se tornaram, na prática, revendedores de produtos e uma porta de entrada do pequeno varejo no comércio eletrônico.

Esse movimento se deu principalmente pela facilidade que esses sites trazem, dispensando a necessidade de servidores próprios ou preocupações como cobrança e segurança.

De olho nesse mercado, sites como Locaweb e UOL lançaram ferramentas próprias, facilitando que os pequenos e médios varejistas possuam seus próprios sites de maneira simples, rápida e barata. Praticamente uma vitrine on-line.

A grande vantagem da internet é a questão do espaço. Diferente do varejo físico, onde o que importa é a área de vendas, o mix de produtos e até mesmo a imponência da fachada, na internet todos os concorrentes possuem o mesmo espaço e acabam por diferir, num primeiro momento, apenas pelo layout gráfico ou atratividade de ofertas na página principal.

Um design atrativo e diferenciado, com bons produtos e ofertas, pode criar oportunidades de venda até mesmo frente a grandes concorrentes do mercado.

Num segundo momento, o que vai importar ao cliente é a qualidade de serviço prestada, como a confiabilidade e segurança das entregas, pagamentos e possíveis devoluções.

Ganhar num primeiro momento pela oferta, e num segundo momento pela qualidade de serviço prestada, é a chave de sucesso no mundo digital. O e-commerce não é uma brincadeira ou um modismo. A internet partiu de simples referência digital para uma completa solução comercial. Ter presença on-line deixou de ser uma opção para ser tornar a grande chance de que sua empresa precisava. Cadê você?

7 - EDUCAR PARA VENDER MAIS

Antes de cobrar resultados, catequize.

Essa dica pode até parecer simples, mas entender e principalmente conseguir aplicá-la pode se tornar parte do sucesso de sua empresa. Em meus tempos de gerente de merchandising, durante as eventuais cobranças junto às equipes de reposição e estoque, fui ensinado pelo meu diretor que, antes de cobrar algo de alguém, é sempre necessário educar. Catequizar, nas palavras dele.

Demorei para entender esse conceito, no qual "só se cobra aquilo que se catequiza". Os valores dessas palavras ainda ecoam diariamente na minha rotina de trabalho, principalmente durante os casos que diariamente analiso tanto para a indústria quanto para o varejo.

Frequentemente reclamamos da capacidade de nossos funcionários, de como eles não são comprometidos o suficiente com a empresa, e também que as vendas ou a operação da loja em si só funcionam quando estamos presentes na loja. Basta "tirarmos o umbigo do balcão" e a loja vira um caos.

A grande verdade, infelizmente, é que você nunca foi, não é e nunca será melhor ou diferente do que qualquer funcionário seu. O problema todo está no fato de que você é o único que sabe os reais valores das ações realizadas por sua empresa, o real valor de uma venda e, principalmente, o real valor de seu cliente.

Procure repassar esses valores, ensine seus funcionários, eduque-os a ver a loja em que trabalham com os mesmos olhos que você e verá melhores resultados. A palavra de ordem é treinamento. Não há fórmula mágica para o sucesso.

Do mesmo modo, educar antes de agir é um importante passo a ser dado junto a seus clientes ou consumidores.

Quando lidamos com clientes que pretendem alterar o atendimento de balcão para um atendimento de autosserviço, a primeira instrução que passamos é que mudanças bruscas sempre trazem perdas de vendas. Consumidores precisam entender os novos conceitos.

Não adianta mudar o conceito de atendimento de balcão para autosserviço e esperar que seu cliente compreenda isso perfeitamente. A mudança deve ser gradual.

O balcão é um link vital entre cliente e vendedor. Romper de maneira bruta esse link pode criar insatisfação ou até mesmo desistência de seus clientes.

Imagine um produto novo, que nunca foi visto, e que seu uso ainda é desconhecido para o publico. Monte uma linda pilha na loja com um cartaz arrasador de bom preço. Qual será o resultado? ZERO. Afinal de contas, para que comprar se não sei para que serve?

Eduque, crie uma demanda, para depois pensar em oferta. Nunca é a oferta que cria a demanda. Dependendo do nível de informação e demanda criada talvez o produto não precise nem estar exposto!

EDUQUEM, CATEQUIZEM.

8 - FILAS: COMO RESOLVER?

Reza o jargão popular que o brasileiro adora uma fila. Embora num passado não tão distante as filas pudessem representar uma demonstração de preferência ou de uma grande oportunidade ao consumidor (onde há muita gente, há boas ofertas), nada é hoje tão preocupante para o varejo e os varejistas quanto esse ponto, talvez só perdendo para a qualidade de atendimento, e por muitas vezes sendo um dos agentes que influem diretamente no resultado das vendas.

Pela minha experiência como consumidor, posso dizer que sou do time que odeia filas de qualquer espécie. O incrível é como venho percebendo cada vez mais pessoas que simplesmente desistem de comprar algum produto ou serviço ao perceber que precisará "desperdiçar" um bom tempo na hora de pagar por ele. Sou desses que já deixei até mesmo carrinho de supermercado cheio por conta de impaciência.

Somos cada vez mais impacientes. Vivemos hoje a era do imediatismo, em que tudo tem que ser resolvido agora. Se as empresas buscam criar verdadeiras experiências de consumo dentro dos pontos de venda, muitas vezes para amenizar ou facilitar o processo de escolha de produtos, o mesmo não se pode dizer das filas, que carecem de um sistema que seja eficiente e condizente com uma demanda cada vez maior, mais intensa e menos paciente.

Tomem como exemplo os caixas rápidos. Foram criados para minimizar a espera daqueles que buscavam uma compra rápida ou de conveniência, mas foram surpreendidos pela intensificação desse tipo de compra em detrimento das "compras de mês", que eram feitas nos tempos de alta inflação. Em determinados momentos, as filas formadas são tão grandes que consumidores acabam optando por filas tradicionais, preferindo enfrentar filas de carrinhos cheios a esperar em uma fila supostamente rápida.

Caixas de fila única são uma opção também muito utilizada no varejo, justa num primeiro momento (pois todos enfrentam a mesma fila), mas que, dado o tamanho da fila que geram, assustam os consumidores. Em redes de varejo que adotam esse modelo, muitos consumidores, antes de comprar, olham a fila para, de acordo com o tamanho dela, decidir se compram ou não. Não é raro encontrar em modelos de negócio que comercializam produtos de pequenos valores, cestas e produtos "abandonados" fora de suas prateleiras, deixados por consumidores que desistem da compra ao olhar a fila, o que também colabora para um modelo de operação que exige constante organização e reposição de mercadorias.

Diversas soluções se propõem a resolver o problema, desde caixas independentes para setores até uma constante aferição e aperfeiçoamento de softwares de venda para que eles sejam cada vez mais rápidos e, com isso, acelerem a passagem pelo caixa.

Sendo fato que é necessária uma rápida passagem pelo caixa, falta aos lojistas compreender qual seria o limite entre a paciência e a desistência de seus clientes.

Pense nisso!

9 - BALCÃO DE VENDA: ÚTIL ATÉ QUANDO?

Em pleno século XXI, é difícil falarmos de varejo sem falarmos em autosserviço. Desde a década de 50, quando supermercadistas como a rede PEG & PAG introduziram o autosserviço no Brasil, estamos vendo uma dinamização do varejo como um todo, em que o balcão de atendimento à moda do antigo armazém (em que o funcionário inclusive apanhava a mercadoria para os consumidores) vem dando espaço cada vez mais a gôndolas, check-outs e displays.

E essa não é uma mudança somente restrita aos supermercados. De lojas de construção a farmácias, os lojistas vêm optando por buscar novas maneiras de expor e oferecer os produtos diretamente ao consumidor, sem intermediários.

Numa conversa direta entre o produto e o consumidor, não são necessários tantos atendentes. Reduzem-se os custos de pessoal e ao mesmo tempo intensificam-se os investimentos em imagem dos produtos, o que chamamos de merchandising.

Mas o balcão é mesmo algo ultrapassado?

Existem lugares no País onde a cultura do atendimento do balcão ainda é muito forte e onde o autosserviço ainda possui uma imagem negativa, de descaso. Em muitas dessas situações, o cliente encontra no balcão um atendimento familiar e atencioso, o que aumenta bastante sua possibilidade de retorno.

Existem departamentos e tipos de varejo onde ainda se faz essencial o atendimento de balcão. Não dá para falarmos de uma loja de autopeças sem falarmos em balcão. Já tentou comprar acessórios para carros no supermercado? Existem tantos tipos de filtros de óleo e palhetas que fica difícil encontrar algo sem ajuda. O consumidor cada vez menos possui tempo para procurar. O segredo do sucesso é "chegar e encontrar".

Da mesma maneira, comprar elétrica ou hidráulica em um *home center* sem ajuda é uma tarefa complexa. Ou contamos com o atendente da loja (quase sempre despreparado) ou o profissional que está nos auxiliando na obra (arquiteto, engenheiro, pedreiro etc.). Talvez seja por isso que o depósito de bairro ainda seja imbatível no que se refere a esses setores.

Ainda falando de *home centers*, dada a preocupação com segurança, optar por ter um balcão de ferramentas ao mesmo tempo auxilia a venda (uma vez que haverá um profissional "treinado" do outro lado do balcão) e contribui no combate aos pequenos furtos, mantendo equipamentos valiosos atrás do balcão, visto que o setor de ferramentas é um dos mais visados do varejo de construção.

Mesmo nos hipermercados, onde nasceu o autosserviço, podemos observar que existem departamentos em que o "atendimento de balcão" ainda permanece, como o açougue, a peixaria e a padaria. Além da conveniência do atendimento (é comum as pessoas perguntarem aos atendentes quanto de carne precisa para um determinado churrasco ou como fica melhor preparar determinado peixe), a questão da "carne moída na hora" ou "pão quente a toda hora" faz com que esses departamentos cresçam frente à concorrência de padarias e açougues de bairro.

Mesmo no novo modelo de padarias, que é um misto de padaria, restaurante e empório, onde é possível tanto comprar o pão quente para o café da manhã como um bom vinho e queijos para o jantar, apesar de grandes áreas para gôndolas e exposição de produtos, pagamento via check-out e outras características marcantes no autosserviço, o atendimento de balcão ainda se faz necessário.

O que vemos no cenário atual são grandes redes investindo pesado em tornar seu atendimento personalizado, com sistemas integrados, cartões de fidelidade e CRM, de modo a, no final, oferecer ao cliente o mesmo atendimento que a loja de bairro oferece, por REALMENTE conhecer seu cliente. Para as grandes redes, o balcão ajuda a estreitar os laços entre a loja e o consumidor. Para as pequenas redes, ainda apostar no atendimento de balcão é uma maneira de criar um diferencial, fidelizando seus clientes.

10 - COMO DIMENSIONAR SUA EQUIPE DE VENDAS E ATENDIMENTO.

Como você dimensiona sua equipe? Uma das grandes utopias de todo o varejista está no correto dimensionamento de suas equipes de vendas, principalmente quando praticamente todo o faturamento da loja está amarrado a uma venda assistida, ou seja, que tenha que ser auxiliada e concluída por um vendedor.

Há hoje, de modo geral, três formas de dimensionar uma equipe de vendas. A primeira delas, e mais rudimentar, baseia-se apenas no DIMENSIONAMENTO EMPÍRICO da equipe por meio da observação da atividade diária da loja. Embora uma comparação rude, não deixa de ser, no jargão popular, um simples achismo.

Essa forma de dimensionamento realiza ajustes na base de "tentativa e acerto" até que se consiga o melhor resultado possível, definindo o resultado desses erros ou acertos principalmente pelo faturamento total ou pela quantidade de vendas ou cupons emitidos nos períodos ou ao final do dia. O risco, com essa prática, é nunca entender se a equipe que se tem hoje em loja está na quantidade ideal ou na quantidade que permita atingir o potencial máximo de faturamento de uma loja.

Esse é um modelo adotado principalmente por empresas que ainda não foram informatizadas, como pequenos e médios varejistas.

Assim que informatizados, ou quando assim o são, muitos varejistas iniciam uma nova metodologia para dimensionar sua equipe de vendas, buscando adequar o número de vendedores de acordo com os relatórios de CUPONS EMITIDOS, ou vendas realizadas, por hora. A premissa é que na hora em que eu mais vendo tenho que ter mais vendedores na loja. Uma conta fácil? Nem tanto...

Desde que o processo de compra seja relativamente rápido, ou seja, que entre a entrada e o fechamento da compra tenha um período menor do que uma hora, talvez faça algum sentido seguir essa metodologia. Mas e no caso de processos mais longos, como em uma concessionária de automóveis ou em uma loja de decoração ou material de construção?

Nesses casos, faz mais sentido ter mais vendedores na hora que eu emito mais cupons ou quando mais entram clientes em minha loja? Nesse caso, a terceira metodologia para a adequação de equipes faz mais sentido. Ao dimensionar equipe pelo FLUXO DE CLIENTES da loja, sabendo, de fato, quantos clientes entram na loja a cada hora, é possível criar até mesmo um mapa com as horas mais quentes da loja e, a partir dele, iniciar um estudo de qual seria o melhor dimensionamento de uma equipe de vendas. Comparado à primeira metodologia, a Empírica, organizar os vendedores pelo fluxo permite que se possa avaliar, ao longo do tempo, qual o real potencial de tráfego (e vendas) que a loja possui, e a partir disso criar a melhor equipe, certo de que, uma vez que a tomada de decisão se baseia por histórico, é certo de que funcione de maneira mais acurada.

Se compararmos o fluxo de clientes com os cupons emitidos, podemos, em vez de dimensionar as equipes somente pelas vendas, entender de fato qual o horário em que mais entram clientes na loja e, por conta disso, também entender, cruzando as duas informações, qual o tempo médio de permanência de um cliente durante uma compra.

Em tempos de escassez de clientes, o correto dimensionamento de uma equipe de vendas ou atendimento pode ser crucial para o sucesso do negócio.

Pense nisso!

11 - O QUE É MAIS IMPORTANTE: A VENDA OU A ENTREGA?

No varejo, é fato que a maior de todas as preocupações está em relação às vendas. Tudo o que fazemos, não importa se investimos em atendimento ou em infraestrutura, tem como intenção aumentar o faturamento ou as vendas no ponto de venda. Não seria diferente se não estivéssemos falando de varejo.

A venda é fundamental para a saúde do negócio, porém o foco do "bom varejo" está na qualidade dos produtos e serviços que oferece ao seu cliente. Em outras palavras, na entrega.

Principalmente quando falamos de serviços, a qualidade daquilo que se entrega é mais importante até mesmo do que a própria venda. Mesmo que um negócio comece bem, vendendo bem, não serão as vendas que garantirão a longevidade do negócio. É a qualidade daquilo que você vende, a entrega, que lhe garantirá essa longevidade. E no que se refere à entrega, diversos fatores podem fazer a diferença: o atendimento prestado com qualidade, a entrega de mercadorias da maneira como foi combinada com o cliente ou até mesmo a qualidade única em seu produto, como um sabor, cor, tecnologia ou outro aspecto que faça a diferença frente à concorrência.

Falando em concorrência, sempre vejo lojistas fundamentalmente preocupados com a disputa de preços como única maneira de conquistar seus consumidores.

Há tempos que os consumidores procuram mais do que preços, e os lojistas que estão sabendo trabalhar dessa maneira, entregando valor e não apenas preço em seus produtos e serviços, colhem bons resultados.

12 - VOCÊ ESTÁ PREPARADO PARA O MERCADO DE IDOSOS?

É nítido que existe ainda muito preconceito, ou melhor, existem pré-conceitos sobre os clientes mais idosos. Muitos vendedores e mesmo gerentes sabem pouco sobre as necessidades e interesses desses consumidores e, por consequência, pouco sabem sobre como atendê-los de maneira adequada.

Em primeiro lugar, muitos reclamam do excesso de perguntas e dúvidas desses clientes. Esquecem que muitos ainda não se encontram totalmente familiarizados com conceitos tecnológicos como Bluetooth, Touchscreen e LED, entre outros. Comprar algo que não se compreende é sempre uma tarefa difícil. A diferença está, sobretudo, em saber explicar corretamente e, principalmente, utilizando os termos adequados. Como a maioria das redes de lojas e magazines contrata equipes jovens e com pouca experiência como atendentes, por vezes a explicação de um termo técnico pode vir carregada de outros termos técnicos que, em vez de facilitar, dificultam ainda mais a vida desse tipo de shopper. Isso quando o discurso não vem carregado de gírias ainda mais incompreensíveis.

Além da questão do atendimento, existem outros aspectos, de impacto principalmente visual, que acabam afastando e inibindo a compra, como as etiquetas. Focando principalmente na questão custo, muitos pontos de venda exibem precificadores e etiquetas com informações pequenas demais, quando não expostas nas vitrines longe dos olhos do consumidor, o que dificulta sua leitura. Para muitos, ainda fica a sensação de que quanto menor a letra utilizada, com certeza maior o preço.

Temos também a questão das indústrias, que carregam em suas embalagens informações importantes, porém extremamente pequenas, devido à sua pouca relevância comercial. Pisos antiderrapantes, iluminação mais adequada (ambientes mais iluminados), corredores mais largos, utilização de cores amenas e locais de descanso em grandes ambientes de venda são bons recursos para quem deseja criar um ponto de venda acolhedor e interessante a esse tipo de público.

Com o perdão do trocadilho, esse é um novo mercado que deve ser cada vez mais levado a sério.

13 - O VAREJO QUE ENCANTA

Há bons exemplos nos quais os varejistas podem se espelhar quando o assunto é encantar os clientes: há casos como o atendimento customizado e diferenciado de uma rede como a Starbucks, a descontração da comunicação visual de redes como Eataly, St.Marché e Whole Foods, ou até mesmo a incrível sintonia entre a oferta de produtos e o lifestyle de seus consumidores em marcas como Louis Vuitton e Urban Outfitters.

Mas se em exemplos como esses há boas inspirações, o varejo que pretende se entender como marca (e assim todo mundo deveria ser, desde o grande varejista até o pequeno comércio que está iniciando hoje seu negócio) precisa encontrar seu caminho próprio, ou seja: sua essência.

A essência da marca deve ser trabalhada em cada aspecto que cria o ponto de venda. Da atmosfera de loja, que consegue envolver os cinco sentidos do consumidor em uma mesma experiência, ao atendimento que deve sempre buscar se humanizar e fugir de padrões ou estereótipos. O que o consumidor quer, sobretudo, é ser bem atendido.

Se ao pensarmos em uma marca como a Disney somos transportados a um mundo de magia, quando pensamos em sua marca, qual sua essência?

O fato que é tentar criar algo que cause verdadeiro impacto na experiência apenas "redecorando" ou enfeitando o ponto de venda não traz resultados duradouros, não cria uma imagem tão forte e, por vezes, pode até ficar caro. Entre uma loja bonita e arrojada e seja mal atendido. Não haverá segunda chance para a marca.

Pense nisso.

14 - PRÓ-LOJA OU PRÓ-CLIENTE?

Deixo no ar uma questão para se pensar: suas ações no ponto de venda são pró-loja ou pró-cliente?

Vejo lojistas praticamente "escondendo" produtos atrás de grades, vidros, trancas, em função de roubo, ao passo que, na maioria dos casos, a venda desses produtos (quando expostos) compensam se comparados à venda dos confinados, em relação aos produtos "perdidos" (extraviados ou roubados).

Vejam os casos de livrarias como Cultura, Saraiva e Fnac que, além de expor, permitem que seus clientes folheiem os livros antes de comprá-los e até incentiva essa prática, dispondo de bancos e assentos visando o conforto durante a escolha dos produtos.

Mas não é apenas em uma situação de roubo que existe esse questionamento. Mesmo na exposição simples dos produtos, lojistas se esquecem com frequência que o foco de exposição sempre deve ser o cliente, a maneira como ele compra e como facilitar cada vez mais esse processo. Nesse contexto, se for possível trabalhar a otimização da operação, da exibição e da reposição de produtos, excelente; mas nunca se deve trabalhar da maneira contrária, resolvendo primeiro a operação para depois a exibição para o cliente.

Agora reflita: como você pensa: primeiro na loja ou primeiro no cliente?

15 - UM MAU EXEMPLO DE PÓS-VENDA

Já tivemos a oportunidade de falar um pouco a respeito de pós-venda e de como ela muitas vezes é mais importante que a própria venda. É fácil encontrar casos onde são estendidos tapetes vermelhos e há uma recepção suntuosa ao cliente no momento da venda, com um atendimento que busca sempre ser cordial e eficiente, mas que, em contrapartida, oferece um olhar desconfiado e, por vezes, a porta dos fundos da loja no momento de pós-venda, como na troca de alguma mercadoria.

Certa vez, estive em uma loja que vem se tornando famosa, principalmente por intitular-se "rei" naquilo que vende, no caso um tipo específico de mobiliário. É fácil ver alguma propaganda dessa loja nos programas televisivos de shopping eletrônico.

Fui até a loja principalmente pela sua premissa, segundo a qual eu poderia facilmente encontrar o produto que queria, uma vez que a loja possuía uma infinidade de modelos e tipos à disposição.

Mesmo com muitos clientes, fui recebido com uma grande cordialidade por parte de seu dono, um senhor bonachão, daqueles que você só encontra quando vai a uma boa cantina ou restaurante, daqueles em que o dono lhe recepciona. Ao fecharmos a compra, foi nos concedido um desconto pelo próprio dono, sendo que a venda foi formalizada por um de seus vendedores.

Percebe-se que saímos muito satisfeitos da loja. Compramos o que queríamos, por um preço menor do que o praticado pelo mercado. O que isso ocasionou? Contamos para diversas pessoas como a loja era maravilhosa e como seu dono era atencioso.

Dias depois, para minha surpresa, recebo a ligação do mesmo vendedor que nos atendeu, dizendo que precisava nos cobrar, a pedido do próprio dono, um valor adicional sobre o que tinha sido cobrado, pois ele havia nos dado "um desconto errado", e precisaríamos ressarcir a diferença.

A questão que quero colocar não é nem sobre um desconto errado, o que já fere qualquer princípio de bom atendimento ou atenção ao pós-venda. O problema é que o lojista buscava um ressarcimento de, pasmem, R$ 17,00 (isso mesmo, dezessete reais)!!!

Esse é um registro de algo que NUNCA deveria ser feito.

A pergunta que fica: se é fato que um cliente satisfeito propaga a notícia para outro cliente, enquanto um cliente insatisfeito propaga a notícia para dez pessoas, quanto custa um novo cliente? R$ 17,00? Quando se ganhou e, mais ainda, quanto se perdeu com essa história para o lojista?

E dizer, que no momento de compra, cheguei a pensar em até mesmo escrever algo sobre o modelo de atendimento aplicado por aquela loja...
Tsc, tsc....

16 - BOA VONTADE OU VONTADE: O QUE MOVE VOCÊ?

O que move uma pessoa: vontade ou boa vontade? A maioria dos varejistas, por exemplo, tem vontade de alterar alguma coisa na loja, melhorar suas vendas, melhorar a qualidade dos serviços...

Veja o termo que utilizei: "vontade".

Vontade tem tudo a ver com motivação, que significa a união das palavras "motivo" e "ação". Vontade tem tudo a ver com ação.

Quando a vontade é apenas intenção, então estamos falando de boa vontade.

De nada adianta iniciar um projeto se o proprietário não está completamente convencido de que deseja mudar. Mesmo com toda boa vontade do mundo, sem vontade e comprometimento com a mudança não há projeto que dê certo.

Como diz um velho ditado: "A mudança é uma porta que se abre pelo lado de dentro".

A melhor maneira de transformar boa vontade em vontade é a certeza. Quando nos sentimos mais seguros sobre as ações que serão tomadas, fica mais fácil aceitar e entender as mudanças.

E como fazemos para ter certeza de que um projeto dará certo? Entendendo os pontos que enfraquecem e possam ser trabalhados na loja e determinando objetivos tangíveis.

As perguntas essenciais antes de qualquer projeto são:

1) Quem você pensa que é (sua visão)?

2) Quem você realmente é (a visão que seus consumidores têm de você)?

3) Quem você deseja ser daqui pra frente?

Em alguns casos, as respostas para essas perguntas são as grandes determinantes para um projeto. Muitos varejistas pensam que, para vender mais, precisam de grandes mudanças e grandes atitudes, quando, na verdade, precisam apenas de um pequeno acerto ou uma pequena correção na rota.

E você, o que te move?

17 - VENDER BEM É FÁCIL: ATENDER BEM É QUE É DIFÍCIL

Certa vez, um lojista me perguntou o que ele deveria fazer para vender bem de fato, se havia alguma dica infalível para a boa venda. Sempre acreditei que a venda é fruto de uma boa negociação entre duas pessoas e é ao atendimento que boa parte do sucesso de uma negociação deve ser creditado.

Embora hoje a busca de uma maior qualidade de atendimento já faça parte da agenda pelo menos dos principais varejistas, é fato que nunca foi tão difícil qualificar e treinar pessoas para atender no varejo.

Se por um lado os consumidores são cada vez mais exigentes, do outro lado do balcão os candidatos dispostos a trabalhar no varejo precisam de muito mais treinamento do que no passado. Isso se deve a diversos fatores, desde a qualidade de formação educacional, principalmente a pública, com profissionais que saem da escola com severas dificuldades de cálculo, raciocínio e até mesmo comunicação e interpretação; até questões ligadas ao comportamento da geração atual de jovens, mais conectada e com mais acesso de informações, porém sem profundidade de conhecimento ou com déficit de atenção.

Se não fossem as questões ligadas à educação, o varejo ainda não consegue convencer novos formandos ou estudantes a enxergar o setor como uma possível carreira. O varejo é carente de talentos, sobretudo por não oferecer, na maioria das empresas, condições de progressão ou valorização da carreira. Exceto pelas grandes empresas, onde são oferecidos até programas de bolsas e trainees, no pequeno e médio varejo, dificilmente alguém cresce além da profissão que exerce. Uma vez balconista, balconista a vida inteira.

Não bastasse isso, as condições de trabalho no varejo facilitam a transferência de talentos do varejo para o ramo da indústria. Afinal de contas, quem quer trabalhar muitas vezes aos sábados, domingos e feriados, quando se tem a oportunidade de trabalhar em uma indústria no período de segunda a sexta, em horário comercial? Quem é que troca o risco de vendas e a alta rotatividade do varejo, pela estabilidade e chance de carreira que a indústria oferece?

A comparação é injusta. É bem difícil que o varejista saia ganhando nessa.

Embora hoje existam entidades e associações dispostas a mudar o papel do varejo, passando a atuar como protagonista em vez de coadjuvante, ainda há muito que fazer para forçar o governo a valorizar mais o varejo e o varejista, seja recebendo melhores incentivos, principalmente das áreas trabalhistas e tributárias, seja entendendo esse mais como um papel essencial dentro da economia. É fato que algumas crises do passado foram salvas pelo varejo, não pela indústria.

E é por isso que, quando fui perguntado sobre como ven-der bem, minha resposta ao amigo varejista foi: vender bem é fácil, atender bem é que é difícil!

18 - VENCENDO A BARREIRA DO "DAR UMA OLHADINHA"

Não deve ter um varejista sequer que não encontre diariamente clientes em seu ponto de venda que afirmem estar ali apenas "dando uma olhadinha" ou que só entraram "para conhecer a loja".

Principalmente no caso de lojas que tenham o conceito de venda assistida, em que os vendedores intermedeiam de alguma maneira a compra, a frase funciona muitas vezes como um sinal de "não quero ser perturbado", o que, normalmente, é o que o vendedor acaba fazendo. "Se precisar de alguma coisa, meu nome é...." é um dos bordões mais utilizados em caso como esse. Se o cliente mudar de ideia e resolver comprar, basta procurar o vendedor.

Simples, não é? Mas por que não funciona? Por que ainda perdermos tantos clientes que vieram até nossa loja para "dar uma olhadinha"?

Uma coisa é certa, e sou capaz de apostar com qualquer um: não existe ninguém que entra em um ponto de venda sem o mínimo de curiosidade de compra. Pode ser uma curiosidade sobre o produto, sobre o quanto custa algo que ele viu na vitrine ou que sabe que encontrará na loja, pode ser uma oferta ou chamariz na vitrine ou entrada que despertou a curiosidade, mas 100% das pessoas que entram em seu ponto de venda todos os dias poderiam comprar algo em sua loja. Só depende de você.

Utilizando a plataforma "MeuAtendimento", uma parceria com a Virtual Gate que possibilita a análise crítica da famosa lista da vez (ou lista de atendimento), constatamos que mais de 60% dos motivos de não venda estão hoje concentrados na questão da curiosidade, no famoso "só estava olhando".

E é aqui que mora o perigo. Mapear que, na maioria dos casos, você não vendeu porque seu cliente estava apenas "dando uma olhadinha" significa que você, ou no caso seu vendedor, não soube atender e mapear o que de fato fez com que o cliente se desinteressasse ou não se encantasse com os produtos ou serviços que você tem a oferecer.

Na prática: você entra na loja porque achou um produto interessante. Ao ser abordado, não queria ser incomodado e disse que só estava olhando. Ao olhar o produto, algo não o agradou e assim você preferiu ir embora, sem dar uma nova oportunidade para o vendedor entender o que não lhe agradou e talvez até lhe oferecer um outro produto que seja mais do seu agrado.

Isso significa que esses mais de 60% de clientes que saíram da loja sem comprar nada, alegando somente "dar uma olhadinha", saíram, na verdade, porque não gostaram do que você está vendendo (por algum motivo), acharam caro, não encontraram o tamanho ou cor, ou qualquer outro motivo que possa ocorrer diariamente em sua loja.

Para contornar essa situação, o varejista deve buscar um trabalho de mensuração com as equipes de venda, entendendo o tamanho do efeito "dando uma olhadinha" em sua operação. E aos poucos desmistificar esse conceito, entendendo o que de fato ele significa. Se é uma questão de preço ou produto, por exemplo, pode ser rapidamente ajustada para ter como consequência um resultado direto e positivo na conversão e no faturamento. Uma avaliação constante da equipe permite o varejista avaliar a qualidade e a produtividade de seu time.

Mensurar indicadores como o fluxo, o caminho ou até mesmo os motivos de não venda é essencial para qualquer varejista que busca produtividade no ponto de venda. E produtividade é hoje o único caminho para o aumento de faturamento em um cenário de vendas retraídas. Não perder clientes ou vendas nunca foi tão vital ao negócio.

19 - VENDEDORES: MENOS PEBOLIM, MAIS FUTEBOL!

Numa animada conversa com um amigo de mercado, certa hora, lancei uma metáfora quando discutíamos a postura necessária para os vendedores de loja. Eu disse a ele: "Os vendedores têm que ser menos pebolim e muito mais futebol!".

Em outros artigos, defendi uma nova postura do vendedor e da equipe de loja. Os tempos de "varejo passivo", em que o cliente entra e compra, fácil como mágica, estão cada vez mais difíceis. Dessa forma, os modelos do tipo "rotação de vendedores" ou "lista da vez", com posicionamento de equipes de vendas em locais fixos na loja, começa a perder seu sentido.

É imperativo que o "novo varejo" seja muito mais do que o "abre-a-loja-espera-o-cliente-entrar-e-comprar-e-no-final-do-dia-a-gente-vê-quanto-deu-no-caixa". Os vendedores do "velho varejo" pensam que a loja é como uma fábrica: há a hora de entrar, o local onde ficar, o que dizer ou fazer (como se o vendedor fosse um robô) e, finalmente, a hora de ir embora. Não, o varejo não é uma indústria. A loja deve ser imaginada como um grande showroom, como o mostruário de todas as possibilidades daquilo que o varejo pode (e deve) vender!

Voltando à metáfora, a diferença entre o pebolim (ou totó, como é chamado em algumas regiões do Brasil) e um jogo de futebol é a ação. No pebolim, os movimentos são poucos e é necessário que alguma ação surta efeito para que a bola chegue até o jogador. Nesse caso, a bola é o cliente e o jogador, o vendedor. No futebol, faz-se necessário, durante todos os momentos, correr atrás da bola para que o resultado seja atingido.

E como fazemos isso? Fazendo diferente. Um dos cases que mais me impressionou ultimamente foi o da Farm, em que seus vendedores podem vender não somente na loja, mas também nos canais eletrônicos da marca, disponibilizando para seu networking social um código (nesse caso, seu número de registro). Usando o código em suas compras, de qualquer lugar do Brasil, o vendedor é remunerado. Além de extremamente simples e inovador, como uma daquelas ideias do tipo "por que não pensamos nisso antes?", esse é o mais interessante case de omnichannel descomplicado que já vi no Brasil. Sem muita firula e tecnologia, simplesmente cruzando as operações e entendo o cliente como um só.

Nessa questão de vendedores, uma das coisas mais sem nexo que já vi (e não foi somente uma vez) foram os vendedores de loja que achavam um absurdo ter que buscar clientes mas, uma vez desempregados, se colocaram no mercado como consultores e representantes de marcas como Natura, Jequiti e Mary Kay... e tiveram que ir atrás de clientes! Talvez pelas melhores promessas e meritocracia, mas, mesmo assim, tiveram de passar de vendedores "passivos" para vendedores "ativos", buscando mercado. Por que não agiram assim antes?

Mais do que um treinamento, mais do que simples frases de efeito, está na hora das marcas jogarem junto com seus vendedores, criando não somente programas de meritocracia, mas também canais e flexibilidade para que vendedores possam vender além do ponto de venda, conquistem novos clientes, sendo menos pebolim e mais futebol.

Este livro foi composto em tipologia
Klinic Slab book 12,5 / 19, desenvolvida
por Joe Prince e impresso em papel
pólen 90g/m² na Unigráfica,
Natal/RN, em outubro de 2016
para a Editora Jovens Escribas.